浙江省高职院校"十四五"重点立项建设教材

本教材获浙江特殊教育职业学院教材建设基金立项资助

培智学校转衔服务工作实务

鲁　杨　骆中慧　主编

電子工業出版社·

Publishing House of Electronics Industry

北京·BEIJING

内 容 简 介

本书从培智学校个别化转衔体系出发，主要探讨的是培智学校职高阶段的学生毕业后走上工作岗位的职业转衔服务，即从常规学校教育场景转换到社会场景的教育安置与教育服务。服务的内容主要包括：在充分考虑学生的个别需要、兴趣与爱好的基础上，对学生进行不同阶段的一般能力训练、职业能力训练、职业辅导评估、就业服务指导、社会支持等。本书旨在通过提供个别化的训练、指导、评估和跟踪服务，使学生具备一定的生活自理能力、社会适应能力并掌握简单的职业技能，持续提升学生的就业能力，实现残疾人的高质量就业。

图书在版编目（CIP）数据

培智学校转衔服务工作实务 / 鲁杨，骆中慧主编.

北京 ：电子工业出版社，2025. 4. -- ISBN 978-7-121
-50195-1

Ⅰ. G764

中国国家版本馆 CIP 数据核字第 20259PB320 号

责任编辑：贾瑞敏
印　　刷：天津嘉恒印务有限公司
装　　订：天津嘉恒印务有限公司
出版发行：电子工业出版社
　　　　　北京市海淀区万寿路 173 信箱　　　　　邮编 100036
开　　本：787×1092　　1/16　　印张：11.75　　字数：264 千字
版　　次：2025 年 4 月第 1 版
印　　次：2025 年 4 月第 1 次印刷
定　　价：49.00 元

凡所购买电子工业出版社图书有缺损问题，请向购买书店调换。若书店售缺，请与本社发行部联系，联系及邮购电话：(010) 88254888，88258888。

质量投诉请发邮件至 zlts@phei.com.cn，盗版侵权举报请发邮件至 dbqq@phei.com.cn。

本书咨询联系方式：(010) 88254152，qiuye@phei.com.cn。

前　　言

特殊教育是教育事业的重要组成部分。2022年1月25日发布的《"十四五"特殊教育发展提升行动计划》中明确指出："推动职业教育和特殊教育融合。支持特殊教育学校职教部（班）和职业学校特教部（班）开设适应残疾学生学习特点和市场需求的专业，积极探索设置面向智力残疾、多重残疾和孤独症等残疾学生的专业，同步促进残疾人的康复与职业技能提升，让残疾学生有一技之长，为将来就业创业奠定基础。探索开展面向残疾学生的'学历证书+若干职业技能等级证书'制度试点，将证书培训内容有机融入专业培养方案，优化课程设置和教学内容，提高残疾学生培养的灵活性、适应性、针对性。支持各种职业教育培训机构加强残疾学生职业技能培训，积极开展残疾学生生涯规划和就业指导，切实做好残疾学生教育与就业衔接工作。对面向残疾学生开放的职业教育实习实训基地提供支持。"

特殊教育的最终目标是培养学生具备独立自主能力，使其能胜任社会成人的角色，同时具备职业技能、社会技能、问题解决及自我决策等多方面的能力。而对培智学校的学生而言，由于其智力水平和社会适应能力较低，习得与自己能力相适应的技能并走上工作岗位的难度非常大，因此与其他类型的特教学校（如聋校和盲校）的学生相比，培智学校学生的就业推进会更难、要求会更高。而转衔教育中职业转衔服务的开展需要结合学生个体的实际能力情况进行个别化的设计与推进。因此，职业转衔是培智学校职高阶段的学生实现就业、融入社会过程中的一个非常重要的环节。

职业转衔服务涵盖的领域很广，可以系统地为特殊学生及其家庭整合学校和社区的生活、学习资源，促进学生能力的发展。同时，职业转衔服务也背负着社会各界的期望。对培智学校职高阶段的学生而言，他们将从青少年期转换到成年期，从单一的特殊教育环境进入复杂的社会成人系统。此时，专业人员需要为他们提供更多阶段性的预备工作，以促进他们顺利转衔，使其在进入下一个阶段后能更快地适应新的生活，让其生活更为独立、就业生产力更高，同时能最大限度地融入社会。

在编写本书的过程中，我们结合杭州市湖墅学校、杭州市拱墅区益仁社会工作服务中心的实践经验与转衔成功的案例，梳理出培智学校职高阶段学生的职业转衔需求与职业转衔服务的实施流程，探索智力、精神类残疾人从学校走向社会的就业指导与就业促进方法，通过专项的职业转衔服务让此类学生从培智学校毕业后能够发挥一技之长，走上工作岗位，融入社会，实现残疾人的高质量就业。

　　本书是由浙江特殊教育职业学院特殊教育系特殊教育专业团队编写完成的。编写组多次开会讨论编写提纲，拟定初稿并进行多轮修改，由鲁杨、骆中慧统稿后形成终稿。参与编写工作的有：浙江特殊教育职业学院特殊教育系唐燕萍（第一章），浙江特殊教育职业学院特殊教育系骆中慧（第二章），浙江特殊教育职业学院康复技术系鲁杨（第三章、第五章），浙江特殊教育职业学院特殊教育系张晓丹、伊兰、陶文雯（第四章），浙江特殊教育职业学院特殊教育系王盈盈（第六章）。此外，杭州市拱墅区益仁社会工作服务中心的张燕提供了附录 A 的案例和职前课程体系架构。本书的出版得到了出版社编辑的大力支持，在这里对他们不辞辛劳地默默付出致以最诚挚的感谢！由于编者能力有限、时间仓促，书中难免存在疏漏之处，恳请广大读者赐教。

　　此外，还要特别感谢为我们提供案例的杭州市拱墅区益仁社会工作服务中心的张燕，以及小 G 和他的妈妈。他们为我们娓娓道来小 G 在职业转衔中的职业体验和职业经历。本书最后的案例不仅让我们看到了职业转衔的价值和意义，也为我们未来的转衔实践提供了新的思路。感谢有小 G 妈妈这样的家长和坚持在职业转衔道路上探索的"张燕们"，期待大家爱心无限大，一起向未来。希望培智学校的孩子们能够在社会的共同努力下不断迈入新的人生阶段，拥抱属于自己的美好人生！

目　　录

第一章　培智学校的个别化转衔计划与职业转衔概述 ·· 1

  第一节　个别化转衔计划概述 ··· 1

    一、个别化转衔计划的基本概念 ··· 1

    二、个别化转衔计划的国内外发展现状 ··· 2

    三、个别化转衔计划的设计原则 ··· 3

    四、个别化转衔计划的服务模式 ··· 4

  第二节　职业转衔概述 ··· 7

    一、职业转衔的概念与特点 ··· 7

    二、职业转衔服务的构成要素及重要性 ··· 8

  本章小结 ··· 10

  课后练习 ··· 10

第二章　培智学校职业转衔计划的制订与实施 ······································· 11

  第一节　职业转衔能力的评估 ··· 11

    一、职业转衔能力评估的基本内容 ·· 11

    二、职业转衔能力评估的实施 ·· 29

    三、职业转衔能力评估的主要方法 ·· 29

    四、职业转衔能力评估的主要量表介绍 ·· 31

  第二节　职业转衔计划的制订 ··· 32

    一、职业转衔计划的基本要点 ·· 32

    二、职业转衔计划的主要内容 ·· 33

    三、职业转衔目标的拟定 ·· 40

    四、职业转衔服务的内容 ·· 41

    五、制订职业转衔计划的注意事项 ·· 42

  第三节　职业转衔计划的实施 ··· 43

    一、转衔会议的召开 ··· 43

    二、转衔会议的挑战与趋势 ··· 49

第四节　培智学校学生职业转衔服务方案的实施 50
　　一、确认无缝转衔合作模式 51
　　二、组建转衔服务工作团队 52
　　三、转衔服务工作团队的主要任务 53
　本章小结 53
　课后练习 54

第三章　培智学校职业转衔课程体系的构建 55
　第一节　职业转衔的教育支持课程体系构建 55
　　一、教育支持课程体系的构建原则 55
　　二、教育支持课程体系的具体设置 56
　　三、教育支持课程体系的课程结构 59
　第二节　职业转衔的职业指导课程体系构建 60
　　一、职业指导课程体系的构建原则 61
　　二、职业指导课程体系的构建 61
　　三、职业指导课程的基本教学要求 63
　本章小结 64
　课后练习 65

第四章　培智学校职业转衔的教育支持课程实施 66
　第一节　生活适应能力训练 66
　　一、生活适应能力的概念 66
　　二、生活适应能力的特点 66
　　三、生活适应能力训练的内容 67
　　四、生活适应能力训练的实施 68
　　五、生活适应能力训练的效果评估 71
　第二节　社会适应能力训练 77
　　一、社会适应能力的概念 77
　　二、社会适应能力的特点 77
　　三、社会适应能力训练的内容 78
　　四、社会适应能力训练的实施 79
　第三节　体能训练——适应性体育 85

一、适应性体育的概念与内容 86
二、适应性体育训练的实施 87
本章小结 97
课后练习 97

第五章 培智学校职业转衔的职业指导课程实施 99

第一节 职前准备 99
一、课程架构 99
二、课程实施 100
三、示教课例 106

第二节 职场知识与求职技巧 109
一、课程架构 109
二、课程实施 109
三、示教课例 115

第三节 职场礼仪 116
一、课程架构 117
二、课程实施 117
三、示教课例 123

第四节 生活管理 124
一、课程架构 124
二、课程实施 124
三、示教课例 128

本章小结 129
课后练习 129

第六章 职业转衔的支持体系 133

第一节 职业转衔的心理支持 133
一、团体心理辅导 134
二、沙盘游戏治疗 137
三、绘画治疗 141

第二节 职业转衔的社会支持 145
一、家庭支持 145

二、学校支持 147

三、社区支持 149

四、朋辈支持 153

本章小结 156

课后练习 157

附录 A　转衔成功案例之星巴克的新员工小 G 158

参考文献 176

第一章　培智学校的个别化转衔计划与职业转衔概述

当今社会，特殊教育领域正面临着前所未有的挑战与机遇。培智学校作为为特殊学生提供教育与康复服务的重要场所，肩负着帮助这些学生更好地融入社会、实现自我价值的重任。然而，随着学生年龄的增长，他们即将面临从学校到社会的过渡，这一过程被称为"转衔"。其中，职业转衔是尤为重要的一个环节。转衔的效果不仅关系到学生个人的未来发展，也影响着家庭的幸福和社会的和谐稳定。个别化转衔计划是针对每位学生的特点、需求和目标量身定制的转衔方案。通过个别化转衔计划，我们可以更好地满足学生的个性化需求，提高转衔的成功率，帮助学生更好地适应社会生活和职场环境。

本章将对培智学校的个别化转衔计划与职业转衔进行概述。首先，我们将探讨个别化转衔计划的基本概念、国内外发展现状、设计原则和服务模式；接着，我们会对职业转衔的概念与特点、职业转衔服务的构成要素及重要性进行阐述，探讨如何通过有效的职业转衔教育，帮助学生获得必要的职业技能和就业能力。

第一节　个别化转衔计划概述

一、个别化转衔计划的基本概念

转衔（Transition）代表在个人生活不同阶段的平稳过渡和衔接。人们在经历生活阶段的变化时，往往会面临一些适应上的挑战，而特殊学生由于身心条件的限制，可能更明显地感受到在这些阶段之间过渡的困难。因此，"转衔"成为特殊教育的一个重要议题，也是学校制订个别化教育计划（Individualized Education Program，IEP）时需要考虑的因素。对于这种全面的过渡规划，通常称为"个别化转衔计划"。

个别化转衔计划是一份书面计划，是为特殊学生提供从学校向社会转衔时所需的支持和服务的基本依据。常见的个别化转衔计划包括两类，即学前期的个别化转衔计划和成年期的个别化转衔计划。学前期的个别化转衔计划是指学生从家庭进入幼儿园，再从幼儿园进入小学时拟订的个别化转衔计划；成年期的个别化转衔计划是指学生从学生生活转向成人生活时拟订的个别化转衔计划。本章主要聚焦的是成年期的个别化转衔计划。该计划的目的是基于学生的意愿和需求，让他们顺利过上成人生活。独立生活能力、就业能力及人际交往能力的培养是成年期的个别化转衔计划的主要内容。在成年期的个别化转衔计划中，有一类是专门针对就业的个别化转衔计划。它是以就业为导向的个别化教育计划，工作分析和环境分析是拟订这个计划的重点。

个别化转衔计划通常包括两部分内容，即转衔教育和转衔服务。转衔教育旨在为学生提供转衔所需的知识和技能基础，而转衔服务则通过实际支持帮助学生将这些知识和技能应用到实际生活中。例如，在智力障碍学生的就业转衔中，学校提供职业培训课程（转衔教育），而社区和企业则提供岗位实践与就业支持（转衔服务）。

二、个别化转衔计划的国内外发展现状

（一）美国的实践

个别化转衔计划的起源可以追溯到美国《残疾人教育法》（*Individuals with Disabilities Education Act*）的实施。1990 年，《残疾人教育法》的通过为个别化转衔计划的发展奠定了基础。该法首次引入了"转衔"的概念，并明确了转衔服务的内容，规定了针对年满 16 岁的学生制订个别化转衔计划，开始提供转衔服务。当时，该法将转衔服务定义为："一系列整合性的学生活动，强化以学生的学习结果为导向，统整学生从学校到离校的活动，涵盖了高等教育、职业培训、整合性就业、继续教育和成人教育、成人服务、独立生活和社会参与。整合性的学生活动应该根据学生的个人需要，考虑学生的偏好和兴趣，并应包括教学、相关服务、社区经验、就业发展和其他成人生活目标，以及独立生活技能与功能性职业评估。"

1997 年，美国重新修订了《残疾人教育法》，对个别化转衔计划提出了更具体的要求。这次修订降低了开始制订个别化转衔计划的年龄要求，从原来的 16 岁调整为 14 岁，这为学生提供了更多的时间来准备和规划未来的过渡问题。同时，该法强调应该告知学生将为其提供转衔服务的信息，以强化学生的参与动机，提高其积极性。

2004 年，美国《残疾人教育法》进一步修订，对个别化转衔计划进行了细化和扩展。首先，修改了转衔服务的定义：①转衔服务是为特殊学生开展的一系列整合性的活动，旨在完成教育成果转化的过程，重点是提高特殊学生的学术能力和功能性能力，系统整合学生自踏入校园至离校期间的所有活动流程，涵盖了高等教育、职业培训、整合性就业、继续教育和成人教育、成人服务、独立生活和社会参与；②转衔服务要依据特殊学生的个人需求，充分考虑学生的优势、偏好和兴趣；③转衔服务的内容一般包括教学、相关专业服务、社区经验、就业发展和其他成人生活目标，以及日常生活技能与功能性职业评估。上述定义的变化进一步强调了特殊教育应该为特殊学生高中毕业后的生活、就业或继续教育做好准备，学校应该基于学生的优势能力发展他们

的学术能力和生活技能。其次，删除了1997年法案中"转衔服务从14岁开始"的相关内容，明确转衔服务不可迟于特殊学生年满16岁时生效的第一个个别化教育计划，并且随着个别化教育计划的修订要每年修改一次。最后，将转衔计划的内容纳入个别化教育计划中，明确个别化转衔计划中应当包含转衔评估、转衔服务、学习课程，以及可评可测的学生高中毕业后的教育目标。

从1990年到2004年，美国《残疾人教育法》对个别化转衔计划的修订逐步提升了其在教育系统中的地位和重要性。法律的变更不仅强化了社会对特殊学生的支持，还确保了他们在从学校过渡到社会的过程中可以得到适当的帮助和引导。

（二）我国的实践

我国特殊教育领域主要依据的法律法规为《中华人民共和国残疾人保障法》和《残疾人教育条例》，它们为残疾人的教育权益保护提供了基本的法律依据。然而，随着特殊教育理念的进步和实践的深入，尤其是在转衔服务——从学校到社会过渡的关键环节中，现有的法律法规显得不够具体和充分。转衔服务缺乏明确的法律指导，导致其在实施过程中面临诸多挑战，影响了特殊学生顺利融入社会的进程。

为了应对这一挑战，我国政府积极采取行动，通过《"十四五"特殊教育发展提升行动计划》等政策文件，明确提出了加强转衔服务的目标和要求。这些政策文件不仅强调了对特殊学生进行全面评估以制订个别化转衔计划的重要性，还鼓励整合多方资源，提供包括职业指导、心理支持等在内的全方位服务。同时，政府还鼓励开展校企合作、社区服务等模式，以拓宽转衔服务的资源渠道，满足特殊学生多样化的需求。通过这些措施的实施，我国逐步建立和完善了特殊学生的转衔教育与服务体系，为特殊学生的全面发展和社会融入奠定了坚实的基础。

三、个别化转衔计划的设计原则

随着特殊学生的成长和发展，转衔服务构成了贯穿其教育生涯的重要连续体，主要包括入学转衔、在学转衔及离校转衔三大核心阶段。入学转衔关注的是学生从家庭或早期干预环境顺利融入正式教育体系的初期过渡，确保学习环境上的无缝衔接；在学转衔聚焦学生跨越不同教育层级（如由小学升入中学）时的平稳过渡，旨在维持其学习动力的连续性和发展路径的顺畅性；离校转衔专注学生从学校教育体系过渡到成人生活、高等教育或职业环境的过程。

个别化转衔计划作为这一过程的关键策略，犹如接力赛中的精准传递，要求对学生在不同阶段的教育和服务进行清晰规划与有效衔接，从而培养学生独立生活、问题解决和自我决策的能力。在设计个别化转衔计划时，一般需要注意以下原则。

（一）以学生为中心

个别化转衔计划应当以学生为中心，重视学生在计划制订中的自我倡导和决策能力。学生可以依据自己的偏好、兴趣和需求来设定个人的转衔目标。学生的积极参与有助于提高计划实施的效果。特殊教育教师可以通过访谈、课堂活动、实地考察等多种方式帮助学生评估自己的表现、能力和需求。同时，教师应鼓励学生以清晰的方式表达自己的意愿，并与转衔团队成员一起制订合适的个别化转衔计划。

（二）确保转衔目标的全面性

虽然离校后的转衔目标通常集中在职业能力训练和继续教育上，但其根本目的在于帮助学生通过就业实现独立生活，从而提升个人的生活品质。这意味着，在设定转衔目标时不仅要考虑学生毕业后的就业和升学选择，还要关注他们未来的生活品质，包括人际交往、社区适应、休闲娱乐和其他生活领域的发展。这样的全面关注旨在协助学生在转衔过程中获得提升生活品质的机会和能力。

（三）重视家庭的参与

家庭的参与对于学生顺利适应未来生活至关重要，特别是在学生从校园生活过渡到社会生活的关键转衔阶段。在个别化转衔计划的制订过程中，家长应与教师进行充分沟通，分享对孩子未来生活的期望，并在学生选择转衔目标时提供协助。在计划的实施阶段，家长可以与专业人员合作，帮助学生进行相关的职业能力训练。对于一些在认知和沟通方面存在严重缺陷的学生，家长的角色尤为关键，他们需要与教师紧密协作，确保学生的教育权益得到保护。

（四）强调相关专业人员的多方合作

保证个别化转衔计划有效开展和实施的关键在于相关专业人员之间的合作。

教师可能对学生未来的职业和工作环境缺乏全面的了解，这一局限性可能会影响个别化转衔计划的制订和执行。因此，在制订个别化转衔计划时，应考虑到教师的专业限制，邀请与学生未来职业规划相关的专业人员加入，组建一个专门的转衔团队。这样可以实现不同领域专家的协作，整合资源并及早介入学生的转衔规划中。通过提供与未来职业规划相关的环境，进行情境教学、职业探索和技能训练，个别化转衔计划可以更加高效和更有针对性地为学生服务。

四、个别化转衔计划的服务模式

20 世纪 70 年代，生涯教育的概念虽受到社会的广泛重视，但并未完全落实，尤其是在职场与社区适应方面缺乏完整的规划。高中毕业后，智力障碍学生的各项服务需求十分复杂，并非一般专业人员能掌握，家长和学生本人亦无法充分了解。因此，为了协助他们顺利由学校转到社区、职场，需要采取相对完整的转衔服务措施。

20 世纪 80 年代，越来越多的美国研究人员、教育工作者、服务机构人员和政策制定者开始关注一个重要的议题：如何帮助残疾青年在"从学校到就业"的转衔过程中获得更好的服务和支持。他们逐渐认识到，残疾青年在实现就业和独立生活方面面临诸多挑战，他们在中学毕业后继续接受教育并参与社会生活的机会也相对有限。因此，社会各界开始重新审视残疾青年的教育体系及成人服务体系，并寻求改革之道。

20 世纪 90 年代中期，美国的研究人员和专家学者纷纷提出了一系列致力于提升残疾青年教育及转衔结果的理论模式。这些理论模式不仅强调了早期干预和个性化教育的重要性，还关注了转衔过程中各个环节的衔接与协调。在此基础上，相关部门也开始制定和实施一系列政策，旨在为残疾青年提供更优质的教育和转衔服务。

以下简要介绍四种服务模式，这些服务模式不仅在美国国内得到了广泛的认可和应用，而且在国际社会上产生了深远的影响。

（一）个性化转衔计划

个性化转衔计划（Individualized Transition Plan，ITP）强调为每位学生制订个性化的转衔计划，确保他们在离开学校后能够顺利融入社会并实现就业。具体内容前面已有详细介绍，此处不再赘述。以就业为导向的 ITP 更加注重学生的兴趣爱好与岗位的适应性、才能与职业的适配性、潜力与社会融合的适度性，支持家庭、机构和社区紧密合作，共同制定符合学生个人情况的转衔方案。ITP 模式的核心要素包括个性化评估、目标设定、计划执行和持续跟踪。

（二）以社区为本的转衔

以社区为本的转衔（Community-Based Transition，CBT）强调社区在学生转衔过程中的重要作用。它鼓励学生积极参与社区活动，与社区建立紧密的联系，并通过社区资源和服务来支持他们的转衔。CBT 模式的核心要素包括社区参与、合作网络建设、社区服务和社会融合。

（1）社区参与：这一要素鼓励学生积极参与社区活动，提高其在社区中的存在感。通过参与社区活动，学生可以更好地了解社区环境，结交新朋友，锻炼自己的社交技能，增强自信心，从而为转衔做好充分的准备。

（2）合作网络建设：这一要素着重搭建一个多元合作平台，包括学校、家庭、政府部门、社会组织、企业等。通过这个平台，各方的力量可以汇聚在一起，共同为学生的转衔提供支持，确保他们在转衔过程中得到全面的帮助。

（3）社区服务：这一要素强调充分利用社区内的各种资源，如康复设施、职业培训、心理咨询等，为学生提供个性化、全方位的服务。这些服务有助于满足学生在转衔过程中的各种需求，帮助他们更好地适应社会生活。

（4）社会融合：这一要素旨在促进残疾学生与非残疾群体之间的互动，消除社会歧视，提高社会对残疾学生的接纳度。通过参与社区活动、融合教育等，学生可以在社会中找到自己的位置，实现真正的融合。

（三）生涯导向的转衔

生涯导向的转衔（Career-Oriented Transition，COT）将焦点放在学生的职业发展上，通过提供职业导向的教育和培训，帮助他们获得就业所需的知识和技能。COT 模式的核心要素包括职业评估、职业规划、职业培训和就业支持。

（1）职业评估：这是转衔服务的第一步，通过对学生的兴趣、能力、价值观等方面进行全面的评估，了解他们适合从事哪些职业。评估结果将为后续的职业规划和职业培训提供重要的依据。

（2）职业规划：在了解学生的职业发展潜力和需求的基础上，制定个性化的职业规划，为他们提供明确的职业发展路径。职业规划需要充分考虑学生的特点和优势，帮助他们找到适合自己的职业方向。

（3）职业培训：根据评估结果和职业规划，为学生提供针对性的职业培训。这些培训既包括理论知识的学习，也包括实际操作能力的培养。通过职业培训，学生可以更好地掌握未来就业所需的知识和技能。

（4）就业支持：在学生完成职业培训后，提供持续的就业支持服务，包括就业指导、岗位推荐、职业心理咨询等。这些服务有助于学生顺利进入职场，适应职场生活。

COT 模式以生涯为导向，关注学生的职业发展，通过职业评估、职业规划、职业培训和就业支持等一系列措施，帮助他们融入社会和独立生活。在我国，随着社会对残疾人的关注度不断提高，COT 模式的发展将得到更多政策和资金的支持，为学生提供更多优质的转衔服务。

（四）综合性转衔服务

综合性转衔服务（Comprehensive Transition Services，CTS）是一种综合性的创新的转衔服务模式，它整合了 ITP、CBT 和 COT 等多种元素，旨在为学生提供全面、系统的转衔支持。CTS 模式的出现是我国在残疾人教育与服务领域的一大进步。CTS 模式的核心要素包括全面评估、个性化服务、社区参与和职业发展。

（1）全面评估：在为学生开展转衔服务前，首先要进行全面评估，包括对其生理、心理、社会适应能力等方面进行深入分析。全面评估有助于了解学生的需求，为后续的个性化服务提供依据。

（2）个性化服务：基于全面评估的结果，为每位学生量身定制个性化的转衔计划。个性化服务关注学生的特殊需求，旨在帮助他们充分发挥潜能，提高生活质量。

（3）社区参与：CTS 模式强调社区参与，鼓励学生融入社区，参与社区活动，提高社会参与能力。社区参与不仅有助于学生建立人际关系，还能提高他们的社会认同感。

（4）职业发展：CTS 模式关注学生的职业发展，为他们提供生涯规划、职业技能培训等支持。通过职业发展，学生能够提高自身就业能力，实现独立生活。

作为一种综合性转衔服务，CTS 模式以全面评估、个性化服务、社区参与和职业发展为核心，为学生提供了全方位的支持。

这四种服务模式虽各有特色，但都致力于提升学生的教育质量和转衔效果。它们的核心要素相互关联、相互补充，共同构成了学生转衔服务的完整框架。通过深入了解和应用这些服务模式，我们可以为学生创造更加公平、包容和更具支持性的教育环境，帮助他们顺利实现从学校到社会的过渡。

第二节　职业转衔概述

职业转衔模式的基本概念来自 Will（1984）对转衔服务的观点。他认为，学校应为即将毕业的智力障碍学生提供有期限的、多样的且以就业成果为导向的服务，以协助学生顺利过渡到成人生活。

本节将对职业转衔进行深入探讨，力求为培智学校的教育工作者、家长和相关服务提供者提供有益的指导与参考，使大家共同助力智力障碍学生的过渡，实现他们的社会价值和人生目标。

一、职业转衔的概念与特点

（一）职业转衔的概念

职业转衔（Vocational Transition）是由学校特殊教育与职业教育教师、家长和社会相关服务组织共同合作，通过制订个别化转衔计划，为智力障碍学生提供从学校向社会转衔时所需支持和服务的过程。

（二）职业转衔的特点

（1）职业转衔服务规划应在高中毕业前开始，最迟不能超过21岁。

（2）职业转衔强调家长参与和机构间的合作。

（3）职业转衔服务规划应有真实的过程，须有书面的转衔计划。

（4）职业转衔以学生日后的就业目标为导向。

（5）职业转衔须针对不同障碍程度的学生提供合适的安置途径。

学生职业转衔的过程包括学校课程、转衔规划和就业安置三个阶段。学校设置特殊教育课程的目的在于培养学生的独立生活能力与社会适应能力，为日后顺利实现工作转衔奠定基础。因此，学生的课程设计应以功能性为原则，教学也尽量以社区本位的方式，在融合的环境下进行。学生的个别化转衔计划应由校方、家长与社会相关机构正式开会研讨确定。书面的转衔计划应详细阐述学生的现有能力、预计达成目标、支持策略与成果评估方式。教师应鼓励家长积极参与子女的转衔规划，并保障其表达意见的权利。学生毕业后，就业服务机构即成为学生的接收单位，就业服务人员应针对不同学生的障碍情况及需求，提供多样的职业能力训练与安置选择，包括一般性就业、支持就业、特殊技能训练、庇护工场等服务方案。

二、职业转衔服务的构成要素及重要性

（一）职业转衔服务的构成要素

Kohler曾根据职业转衔方案在美国推行30余年的成效将其细分为五大核心要素，如图1-1所示。

图 1-1 职业转衔方案的核心要素

（1）以学生为中心的规划：所有相关人员均应参与个别化教育计划的制订。

（2）学生能力发展：通过教学与实习等活动，为学生提供学习生活技能课程、就业技能课程、生涯与职业课程等的机会。

（3）机构间合作协调：建立学校与机构的合作模式，为学生提供实习与就业的机会。

（4）方案架构与设计：包括全校学生职业转衔方案的设计理念与成效评估、资源配置等。

（5）家庭参与：通过家庭的训练与参与，加强家长对智力障碍学生转衔的认识，进而提升其参与和执行职业转衔方案的意愿与能力。

参考 Greene 等人的相关文献，以下总结了职业转衔服务的十二要素，如表 1-1 所示。

表 1-1　职业转衔服务的十二要素表

转衔服务机制	转衔方案机制	转衔计划
（1）跨机构合作 （2）跨专业合作	（3）融合式的学校、教室和职场 （4）功能性、生存技巧课程和社区本位教学 （5）社会和人际技巧发展与训练 （6）生涯和职业评估及教育 （7）竞争性有报酬的工作经验 （8）业界和企业与学校联结	（9）中学后教育的参与和支持 （10）以个案为中心/以学生为主的计划 （11）学生自我决策和倡议 （12）家庭/父母参与

（二）职业转衔服务的重要性

智力障碍学生在职业教育阶段面临着从学校过渡到社会的关键时期，这一过程对他们来说尤其具有挑战性。职业转衔服务旨在帮助这些学生实现顺利过渡，获得稳定的工作机会并适应社会生活，从而提高他们的生活质量和社会参与度。职业转衔服务的重要性体现在以下几个方面。

（1）提升自信与自尊心：通过有效的职业转衔服务，学生可以逐步掌握职场所需的知识和技能，增强自我效能感，提升自信心与自尊心。

（2）培养独立生活能力：除了职业技能的传授，职业转衔服务还注重对学生独立生活能力的培养。通过学习日常生活中的各种技能，如购物、烹饪、清洁等，学生能够逐渐独立生活，减少对家庭的依赖。

（3）拓宽社交圈子：在转衔的过程中，学生有机会接触到更广泛的人群，包括同龄的健全学生、职场导师、社区志愿者等。这不仅能帮助他们建立新的友谊，还能增强他们的社交技巧，提升其人际交往能力。

（4）提升问题解决能力：面对职场和生活中的各种挑战，职业转衔服务注重培养学生的问题解决能力。通过模拟实际情境，教授他们如何分析问题、制定解决方案，并鼓励他们付诸实践，使他们在面对困难时能够从容应对。

（5）促进家庭与社会的融合：职业转衔服务不仅关注学生个人的成长，还致力于促进家庭与社会的融合。通过举办家庭支持活动、社区互动活动等，家庭成员和社区工作人员能够增强对学生的理解和支持，使社会更加接纳和包容这一特殊群体。

（6）实现个人价值与社会价值：通过职业转衔服务的帮助，学生能够在职场中找到自己的定位，实现个人价值。同时，他们的努力和付出也为社会带来了贡献，实现了社会价值。这种双向的价值实现，不仅让学生感到自豪和满足，也让他们更加珍惜和热爱生活。

（7）激发学习热情与兴趣：在转衔的过程中，学生会接触到各种新的知识和技能。这些新鲜的内容能够激发他们的学习热情，让他们对学习产生浓厚的兴趣。这种积极的学习态度将对他们未来的职业发展和个人成长产生深远的影响。

本章小结

职业转衔服务致力于帮助智力障碍学生更深入地了解自己，包括兴趣、优势、挑战和个人目标。通过个性化评估、职业探索活动和日常生活技能教学，学生可以逐渐认识到自己的独特价值，并学会如何在日常生活中做出独立决策、管理个人事务。这种自我认知的增强和独立生活能力的培养，为他们未来独立生活、追求个人梦想提供了强大的内在动力。同时，职业转衔服务不仅关注个体的发展，还积极构建包括家庭、学校、社区在内的全方位支持网络。通过组织家长会、社区融合活动并建立资源共享平台，职业转衔服务团队努力打破隔阂，增进社会各界对智力障碍群体的理解和接纳。这种支持网络的建立，为学生提供了一个更加包容、友好的成长环境，促进了他们与社区的深度融合，有利于构建一个更加和谐、多元的社会。

课后练习

1. 简述个别化转衔计划的基本概念与设计原则。
2. 简述个别化转衔计划的服务模式。
3. 什么是职业转衔？职业转衔的特点是什么？
4. 简述职业转衔服务的重要性。

第二章 培智学校职业转衔计划的制订与实施

制订与实施培智学校职业转衔计划时，要以特殊学生的现有能力为基础，充分考虑他们未来的生涯发展需求，拟定适合的教育与服务目标，并定期评估学生的进步情况。制订与实施职业转衔计划是一个整合各专业的过程。考虑学生未来职业发展的愿景、制定匹配的职业转衔目标、商议决定职业转衔服务的内容、落实对转衔各项资源的整合，这些都将融入学生的职业转衔计划中，成为培智学校提供教学与服务的主要依据。

第一节 职业转衔能力的评估

评估是制订与实施职业转衔计划的基础。职业转衔能力评估是指评估者通过一系列的连续评估，了解学生对未来工作、教育和社会生活的需求、偏好和兴趣。职业转衔能力评估以学生为中心，需要教师、家长、相关专业人员合作完成。

一、职业转衔能力评估的基本内容

（一）学生一般能力评估

（1）学生的现有能力：评估者除了解学生的残疾类别、程度、性质，以及各功能领域发展的现有水平外，更应关注学生的残疾程度和现有能力与下一个转衔阶段之间的匹配程度。同时，应能够根据对现有能力评估的结果确定学生转移到下一个转衔阶段所需培养的能力指标，以及所需支持与服务的内容。现有能力是掌握职业能力的前提和基础。评估者需要通过评估来了解学生目前的能力范围，以便在其能力范围内进行针对性的职业转衔引导。可以采用现有能力评估表（见表 2-1）对学生的现有能力进行评估。

表 2-1 培智学校学生现有能力评估表

姓名		性别		出生日期		评估人			
评估模块						分值/分			
一、居家自理能力						0	1	2	3
1. 我会正确处理食材，包含： □清洗、浸泡 □削皮、剥皮 □将食物切块									

续表

2．我会进行简单的烹饪，包含： □用热水冲泡食物 □使用电饭锅 □使用燃气灶			
3．我会处理衣物，包含： □手洗与使用洗衣机 □晾晒衣物 □缝补衣物			
4．我会保持身体的清洁、卫生，包含： □能自行上厕所 □能清洗身体 □能妥善处理身体脏污			
5．我会搭配服饰，包含： □能根据身份选择适当与整洁的服饰 □能配合季节选择适当与整洁的服饰 □能配合场合选择适当与整洁的服饰			
6．我会整理居家物品，包含： □收拾（整理）物品 □扫地、拖地、擦窗户 □倒垃圾与对垃圾分类			
7．我会打扫厨房、浴室、厕所卫生，包含： □收拾和清洗餐具 □清洁水槽，避免脏污和堵塞 □使用马桶刷刷洗马桶			
8．我会维护居家安全，包含： □注意炉火、煤气开关 □注意电器用品操作安全 □留心门户			
9．我会注意食品安全，包含： □查看有效日期 □检视政府检验商标 □以视、触、嗅、味觉判断食物是否腐坏			
10．我会保存食物，包含： □将易腐坏的食物存放于冰箱 □密封吃不完的食物 □丢掉过期的食物			

11. 我具备一定的饮食技能与习惯，包含： □选用正确的餐具 □细嚼慢咽与适量饮食 □注意饮食卫生				
12. 我会规划或安排休闲活动，包含： □选择符合自己能力和兴趣的休闲活动 □安全地使用娱乐场所的活动器材 □配合自己的作息表，决定休闲活动的时间				
13. 我会整修房舍与生活用品，包含： □更换灯泡 □更换电池 □在墙壁上粘贴挂钩				
居家自理能力得分				
二、金钱与生活管理能力	0	1	2	3
14. 我会维持个人信用，包含： □合理地预支或借贷金钱 □了解债务人具有还款义务 □在规定期限内完成账单支付				
15. 我会编制预算，包含： □列出主要收入，如薪资、备用金 □列出主要支出，如电费账单 □比对收入与支出金额的差异				
16. 我会计划储蓄用途，包含： □学费 □旅游消费、购车费用、支付房租等高额消费 □退休或失业后的生活费				
17. 我会利用金融机构理财，包含： □在银行开户、办理活期或定期存款 □使用银行卡取款 □查阅存款簿及提款收据，确认其中所记录的支出情况与账户余额信息				
18. 我会合理消费与购物，包含： □知道打折与特价时，可以买进较低价的物品 □考虑自己的需要进行购物与娱乐消费 □考虑自己的经济状况进行购物与娱乐消费				
19. 我具备健康的自我概念，包含： □了解自己的优缺点 □喜欢自己 □能制定具体合理的生活目标				

续表

	0	1	2	3
20．我可以通过特定途径获取有关休闲活动的各类资讯，包含： □报纸杂志 □电视广播 □听别人介绍				
金钱与生活管理能力得分				
三、健康生活能力	0	1	2	3
21．我会从事三种室内休闲活动，包含： 看电视、听音乐、绘画、阅读书报、下棋、操作计算机				
22．我会从事三种室外休闲活动，包含： 看电影、逛街、打球、爬山、郊游、观赏展览或表演				
23．我知道三种社区内的休闲场所和设施，包含： 公园、社区文化中心、商店、电影院、运动场、图书馆				
24．我具备健康的生活习惯，包含： □定时运动 □作息规律，如早睡早起，不喝酒、不抽烟 □饮食健康				
25．我具备一定的就医技能，包含： □定期开展健康检查 □能表述自己的症状以寻求医生的帮助 □能配合医生的指示，如多休息、按时服药				
健康生活能力得分				
四、就业知识储备	0	1	2	3
26．我知道如何选择合适的职业培训，包含： □考虑自己的需求 □考虑培训的内容与地点 □考虑培训的申请条件				
27．我知道如何充实工作经验，包含： □丰富实习工作的类型与经验 □积极参与职业培训 □考取相关职业证书				
28．我了解如何获取求职信息，包含： □招聘对象与招聘人数 □公司背景 □联络人与联系电话				
29．我知道如何保障工作权益，包含： □发现工时与所承担的薪资之间不成比例 □发现容易产生危险的工作环境 □发现老板或主管提出违反劳动合同的要求				

续表

30. 我知道如何获取求职资源，包含： □通过报纸与网络 □通过亲友口耳相传 □通过劳工或职业介绍单位				
31. 我具备就业所需的基本知识，包含： □认识职业种类 □了解劳工义务与权利 □知道劳工保险				
32. 我了解自己的工作，包含： □工作内容与要求 □工时 □工资待遇				
33. 我知道进行自我介绍应注意什么，包含： □自信 □清楚地表达自己与工作有关的经历 □清楚地表达自己的工作热情				
34. 我了解工作的意义，包含： □工作可以获得工资 □工作可以获得成就感 □劳资双方的供需关系，如提高生产力以获得高工资				
35. 我知道如何寻求工作上的帮助，包含： □向同事与督导说明自身障碍对工作的影响 □向他人请教相关工作经验 □请他人代为解决工作难题				
36. 我知道如何请假、辞职，包含： □说明理由 □交代请假或辞职的日期 □清楚地移交未完成的工作内容				
37. 我知道如何识别工作陷阱，包含： □不要单独前往应征地点 □不要随意交工作保证金或将私人证件交给对方 □不要应征违法行业				
38. 我知道如何有效管理工作进度，包含： □了解工作的完成期限 □自行监控工作进度 □以加班、加速的方式赶工				
39. 我知道如何独立完成工作，包含： □在无人监督的情形下工作 □自行转换与衔接工作流程 □自行监控工作质量				

	0	1	2	3
40．我知道如何应对工作中的突发状况，包含： □愿意以道歉的态度寻求原谅 □愿意做出补偿 □愿意以重做的方式改正				
41．我知道如何维持工作安全，包含： □了解安全装备的使用方法，如佩戴护目镜、手套 □注意警告标志 □留心及避免该职业容易引发的职业伤害				
42．我知道如何适应新职场，包含： □尽快熟悉环境 □建立新的作息方式 □保持平和、不焦虑的情绪				
43．我知道如何准备工作面试，包含： □准时到达会场 □着装整洁得体、仪容大方 □恰当地回答面试官的问题				
44．我会使用交通工具到达工作地点，包含： □步行 □骑自行车或电动车 □搭乘公共交通工具				
就业知识储备得分				
五、职业素养储备	0	1	2	3
45．我具备守时的工作态度，包含： □准时上下班 □不迟到、不早退、不无故旷工 □休息结束时能准时回到工作岗位				
46．我会与同事保持良好的关系，包含： □互相帮忙与合作共事 □亲切和善 □服装仪容整洁				
47．我具备尽责的工作态度，包含： □能主动、专注地工作 □能将工具归位 □能适时地收拾与整理工作环境				
48．我会在工作现场安全地行动，包含： □不在工作现场追逐、嬉戏 □能避开过道上的杂物、积水楼层 □能搭乘电梯、扶梯至指定楼层				

续表

49. 我能与雇主维持良好的关系，包含： □遵循指示 □进退有礼 □虚心接受指导与建议				
50. 我具备工作所需的基本能力，包含： □能连续工作四小时以上 □能安全地操作工具 □具备良好的手眼协调能力				
职业素养储备得分				
六、读写算能力	0	1	2	3
51. 我会阅读个人证件上的基本资料，包含： □身份证 □残疾证 □医保卡				
52. 我会阅读生活中常见的文字或标志，包含： □超市与医院的标志 □交通信号灯与人行道 □公交车站牌				
53. 我会阅读公告、传单以了解社区信息，包含： □居民活动通知 □停水停电通知 □修路通知				
54. 我会书写短文与填写表格，包含： □信件与留言 □存、提款单 □履历表				
55. 我具备与生活或工作有关的数学技能，包含： □完成乘除法与加减法运算 □阅读指针或电子钟表 □计算日期				
读写算能力得分				
七、社会化能力	0	1	2	3
56. 我能理解日常声音所代表的意义，包含： □铃声，如门铃声、闹钟声 □电话声，如来电、占线和语音留言时的提示音 □通知声，如电话、洗衣机和水壶煮开时的警告声				
57. 我会表达自己的需求，包含： □表达生理需求，如肚子饿、口渴与尿急 □表达心中的感受，如快乐、难过、害怕、生气 □寻求他人的帮助、咨询意见或征求同意				

续表

58．我会解读非语言信息，包含： □声音，如害怕的尖叫声与愤怒的吼叫声 □肢体动作，如握手表示欢迎、挥手表示再见 □脸部表情，如高兴、生气、惊讶、哀伤				
59．我会保证自己的安全，包含： □不夜归或在暗巷、人烟稀少处逗留 □不去危险的地方游玩，如马路上、悬崖边、栏杆边或海边 □不玩弄刀、弹弓、玩具枪等危险物品				
60．我会结交朋友，包含： □选择品行好的朋友，不和吸毒、赌博的人为伍 □以尊重、关怀、分享、合作的态度维持友谊 □能适时地帮助他人				
61．我会遵守生活规范，包含： □班规与校规 □交通规则 □一般法律规定				
62．我会保证自己免于性骚扰或性侵害，包含： □不接受陌生人的搭讪与邀约 □遇到有人触摸自己的隐私部位时，会试图大叫、逃跑 □被性骚扰或性侵害时，能寻求教师、家长、警察等的帮助				
63．我能做到参与社交活动应具备的基本礼仪，包含： □依次排队取餐、买票、登记 □了解用餐、待客与做客的礼仪 □了解婚丧嫁娶和各种庆典活动的礼仪				
64．我会对他人适时表达友好，包含： □主动向他人寒暄 □适时以赞美、祝贺与感谢的话语回应他人 □适时以恰当的话语回应他人				
65．当别人不友善时，我会： □置之不理 □迅速逃离现场 □寻求教师或父母等的帮助				
66．我知道自己的基本情况，包含： □姓名、年龄与生日 □地址、电话 □兴趣				
67．我会转述留言，包含： □留言者是谁 □留言对象是谁 □留言内容，如时间、地点、事项				

续表

68. 我会与异性交往，包含： □表现出符合自己性别的角色行为 □尊重对方的性别角色，不触碰他人的隐私部位 □表现出安全的交往态度和行为				
69. 我会以适当的方式表达心中的感受，包含： □察觉自己的情绪状态 □以言语、表情或姿态形容自己的情绪 □以言语、表情或姿态说明影响自己情绪的原因				
70. 我会以适当的方式处理情绪，包含： □能自行处理情绪，如跑步、唱歌、转移注意力 □主动向他人诉苦，如亲友、同学 □进行专业咨询，如教师、医生				
71. 我会处理意外事故，包含： □知道烧烫伤、刀伤、触电等的简易急救法 □能寻求医护人员的帮助 □在高速路上能以打电话的方式求救				
72. 我会使用电话，包含： □掌握拨打与接听电话时的问候语 □会查询拨打电话的次数与时间 □控制通话时长				
73. 我了解有关自己情绪的知识，包含： □自己的个性，如活泼、文静、急躁、温和 □影响自己情绪的生理因素，如生病、疲劳、生理期 □影响自己情绪的环境因素，如噪声				
社会化能力得分				
八、问题解决能力	0	1	2	3
74. 我会拨打公共服务电话，包含： □114 查号 □119 火警 □120 急救 □110 报警				
75. 我会使用社区服务设施，包含： □知道公共设施，如消防、医疗、银行与邮政场所的位置 □了解职业培训和福利机构（残联） □能搭乘公共交通工具，如公交车、出租车、地铁				
76. 我会为自己设定目标，包含： □安排日作息计划与行程 □安排月计划 □安排年度目标或工作目标				

续表

77. 我知道个人权利与义务，包含： □自己享有的权利，如平等权与公民权 □自己在看病、上学、就业或生活上所能获得的补助或服务 □知道权利与义务是相对的			
78. 我具备计划结婚与成家的技能，包含： □寻找合适的对象 □有固定的收入与住所，以共同维系家庭 □知道家长的责任与义务，如养育及教育小孩的方式			
79. 我会申请政府的福利，包含： □前往正确的申请场所 □申请生活、医疗、交通辅助 □申请领、换、补劳动就业手册			
80. 我会处理紧急灾害，包含： □遇到地震、台风、洪水时的做法 □遇到停水、停电时的做法 □遇到失火、煤气泄漏时的做法			
问题解决能力得分			
总分			

说明：

表2-1共有80个项目，采用四级计分法："完全不会"计0分，"可独立且正确完成一项技能"计1分，"可独立且正确完成两项技能"计2分，"可独立且正确完成三项技能"计3分。这80个项目可归纳为八项能力，包括学生个人生活、工作与社会生活中常见的能力，分别为居家自理能力、金钱与生活管理能力、健康生活能力、就业知识储备、职业素养储备、读写算能力、社会化能力、问题解决能力。

在评估时，应先向所抽取的班级教师详细讲解本次调查的意义，获得教师的配合，再由熟悉学生的教师对学生进行询问后填写本表。

（2）家长的态度与期望：在转衔评估中，家长扮演着关键的角色。了解家长对学生能力和未来发展的看法有助于与其建立积极的合作关系。深入了解家长的期望，并据此调整转衔计划是确保转衔过程成功的关键。教师应积极搭建沟通渠道，了解学生的家庭背景和支持体系，以制订个性化的支持计划，创造有利条件，使学生在新环境中得到更全面的支持。

（3）下一个转衔阶段所需的能力：评估者应了解学生在下一个转衔阶段所需的能力和资源，包括评估未来拟安置工作岗位所需的能力与学生的现有能力是否匹配。如果学生尚未掌握未来拟安置工作岗位所需的能力，则教师需要将这一需求纳入学年、学期目标中，并通过课程教学有针对性地对学生进行培养与训练。

（二）学生职业能力评估

培智学校的学生是社会中的特殊群体，对其职业能力进行评估对于促进其个人发展、提升其社会适应能力和实现其自我价值具有重要的意义。使用系统、全面的评估方法，从多个维度对学生的职业能力进行深入分析，可以为制定个性化的职业发展规划提供科学依据。

（1）职业适应能力：适应能力是指个体在面对新环境、新任务或新挑战时，能够迅速调整自己并有效应对的能力。职业适应能力是指个体在职业环境中所展示的适应能力。针对培智学校的学生，评估其职业适应能力需要考虑其身体条件、体力体能、认知特点、情绪行为及社交能力等多方面的因素。在就业领域，这直接关系到学生能否顺利融入工作环境，完成工作任务。在评估学生的职业适应能力时，需要关注学生的灵活应对能力、学习能力、问题解决能力及对变化的适应能力。通过模拟工作场景、实习体验或情境测试等方法，可以观察学生在不同情境下的表现，评估其职业适应能力。

（2）职业兴趣与倾向：职业兴趣与倾向是影响学生职业选择的重要因素。通过职业兴趣问答、访谈、观察等方法，可以了解学生的兴趣及潜在的职业倾向，结合其智力水平和职业适应能力，帮助学生初步明确职业方向。对于认知水平较高的学生，可以尝试在教师的指导下使用霍兰德职业兴趣测试量表测试其职业兴趣与倾向。对于认知水平较差的学生，可以在家长的协助下使用职业兴趣与倾向评估表（见表 2-2）进行评估。

表 2-2　培智学校学生职业兴趣与倾向评估表

姓名：　　性别：　　年龄：　　班级：　　填报日期：					
兴趣爱好与优势					
1. 列举三个你最喜欢的活动或兴趣：					
2. 你认为自己在哪些方面有特长或优势？（可多选） □动手能力强（如制作手工艺品、使用工具） □沟通能力强（如表达清晰、善于交流） □逻辑思维强（如数学解题、逻辑推理） □艺术创作能力强（如绘画、音乐） □其他（请注明）＿＿＿＿＿＿＿＿					

续表

职业兴趣与倾向
（一）技术技能类 1. 你是否对使用工具、机器等进行基本操作的工作感兴趣？ □是　　　　　□否 2. 如果感兴趣，请列举你希望从事的具体职业（如计算机硬件维护、摄影师、制图员等）：
（二）管理组织类 1. 你是否对管理和组织活动感兴趣？ □是　　　　　□否 2. 如果感兴趣，请说明你愿意承担的管理职责或角色：
（三）商贸经营类 1. 你是否对商贸、销售或财务管理方面的工作感兴趣？ □是　　　　　□否 2. 如果感兴趣，请列举你希望从事的具体职业（如销售员、财务分析师等）：
（四）艺术创作类 1. 你是否对艺术创作或设计类工作感兴趣？ □是　　　　　□否 2. 如果感兴趣，请列举你希望从事的具体职业（如画家、音乐家、设计师等）：
（五）科学研究类 1. 你是否对科学研究、数据分析或逻辑推理类工作感兴趣？ □是　　　　　□否 2. 如果感兴趣，请列举你希望从事的具体职业（如科研人员、数据分析师等）：
（六）社会服务类 1. 你是否对服务社会、帮助他人的工作感兴趣？ □是　　　　　□否 2. 如果感兴趣，请列举你希望从事的具体职业（如教师、社工、志愿者等）：
（七）其他类 如果有其他特别的职业兴趣与倾向，请说明：

续表

评估建议与指导
1. 个人特点与优势分析： 根据上述评估结果，学生的主要兴趣点在于＿＿＿＿＿＿，其优势可能体现为＿＿＿＿＿＿。 2. 职业倾向建议： 建议学生关注并探索＿＿＿＿＿＿领域的职业机会，尤其是＿＿＿＿＿＿等职业。 3. 教育支持建议： 学校应提供＿＿＿＿＿＿等方面的支持，帮助学生发展职业兴趣，提升相关技能
评估人签名：　　　　　　　　　日期：

说明：

本评估表旨在了解培智学校学生的职业兴趣与倾向，以便为学生提供更加个性化、更有针对性的职业指导和教育支持。此评估表仅作为初步评估工具，具体职业选择还需结合学生的个人实际情况、市场需求及长远发展考虑。

（3）职业技能：职业技能是学生在未来职业生涯中所需掌握的具体技能，是其在就业市场上的核心竞争力。在评估职业技能时，针对培智学校学生的特点，应重点评估学生已掌握或具有潜力的技能，如简单的手工艺制作、家政服务、园艺、清洁、基础计算机操作等。通过技能展示、实际操作测试等方式，评估学生的职业技能水平，以确定其适合的就业领域和岗位，为制订培训计划和职业规划提供参考。在实践中，可以通过职业技能评估表（见表2-3）对学生的职业技能进行初步的评估和判断。

表 2-3　培智学校学生职业技能评估表

基本信息		
序号	项目	内容
1	学生姓名	
2	性别	
3	年龄	
4	班级	
5	特殊教育需求	（如：认知障碍、行为障碍、语言障碍等）
6	评估日期	
基础能力评估		
序号	评估项目	评估标准	评估结果
1	认知能力	基本认知能力（如颜色、形状、数字识别）	□强　□中　□弱
2	注意力与专注力	在指定时间内集中注意力完成任务	□好　□一般　□差
3	学习能力	学习新知识、新技能的速度和效果	□高　□中　□低

续表

潜在兴趣评估		
序号	潜在兴趣	感兴趣程度（1～5分，5分为最高分）
1	手工制作与艺术设计	□ 1 □ 2 □ 3 □ 4 □ 5
2	餐饮服务与管理	□ 1 □ 2 □ 3 □ 4 □ 5
3	园艺与绿化维护	□ 1 □ 2 □ 3 □ 4 □ 5
4	信息技术基础与应用	□ 1 □ 2 □ 3 □ 4 □ 5
5	清洁与保洁服务	□ 1 □ 2 □ 3 □ 4 □ 5
6	其他（请注明）	□ 1 □ 2 □ 3 □ 4 □ 5

实操技能水平评估		
序号	技能项目	技能掌握程度
1	特定工具的使用（如缝纫机）	□初级 □中级 □高级
2	简单的烹饪技巧	□初级 □中级 □高级
3	植物养护与管理	□初级 □中级 □高级
4	办公软件基本操作	□初级 □中级 □高级
5	安全卫生操作规范	□初级 □中级 □高级

安全意识与规范评估			
序号	评估项目	评估结果	备注说明
1	安全知识掌握	□是 □否	包括但不限于消防安全、个人防护、急救知识等
2	操作规程遵守	□是 □否	在实训或工作中是否严格遵守各项安全操作规程
3	风险识别与应对	□是 □否	能否识别潜在危险并采取预防措施或应对措施
4	工作环境安全检查	□是 □否	是否具备对工作环境进行基本安全检查的能力
5	应急处理	□是 □否	在紧急情况下，能否迅速、准确地做出反应并处理
6	保密与信息安全意识	□是 □否	对于工作中涉及的敏感信息，是否具备保密和保护意识

评估总结与建议：

（此处由评估人填写，根据以上各项评估结果，对学生的整体职业技能水平、优势与不足进行概述，并提出针对性的发展建议和学习计划。）

评估人签名：

评估日期：

（4）心理与社会适应能力：心理与社会适应能力是培智学校学生融入社会、参与职业活动的重要保障。其评估内容包括学生的情绪稳定性、抗压能力、人际交往能力、遵守规则的意识等方面。通过心理测评、行为观察、社交技能训练等方法，可以评估学生的心理与社会适应能力，并针对性地提出改进建议。心理与社会适应能力的相关量表较多，可以在学生转衔开始阶段、走上工作岗位前和工作一段时间后分别进行焦虑（见表 2-4）、心境状态（见表 2-5）、情绪（抑郁）状态（见表 2-6）的评估。

表 2-4　焦虑自评量表（SAS）

下面有 20 条描述（括号中为症状名称），请仔细阅读每一条，把意思弄明白，然后根据您最近一个星期的实际情况，在适当的方框内打"√"。				
	没有	有时	经常	总是
1. 我觉得自己平时容易紧张和着急（焦虑）	□	□	□	□
2. 我会无缘无故地感到害怕（害怕）	□	□	□	□
3. 我容易心里烦乱或觉得惊恐（惊恐）	□	□	□	□
4. 我觉得我可能要发疯（发疯感）	□	□	□	□
5. 我觉得一切都很好，也不会发生什么不幸的事（不幸预感）	□	□	□	□
6. 我手脚发抖打战（手足颤抖）	□	□	□	□
7. 我因头痛、颈痛和背痛而苦恼（躯体疼痛）	□	□	□	□
8. 我感觉衰弱和容易疲乏（乏力）	□	□	□	□
9. 我觉得心平气和，并且容易安静坐着（静坐不能）	□	□	□	□
10. 我觉得心跳很快（心悸）	□	□	□	□
11. 我因一阵阵头晕而苦恼（头昏）	□	□	□	□
12. 我有晕倒发作的迹象，或者觉得要晕倒似的（晕厥感）	□	□	□	□
13. 我呼气、吸气都感觉很容易（呼吸困难）	□	□	□	□
14. 我手脚麻木和刺痛（手足刺痛）	□	□	□	□
15. 我因胃痛和消化不良而苦恼（胃痛或消化不良）	□	□	□	□
16. 我常常要小便（尿意频繁）	□	□	□	□
17. 我的手常常是干燥温暖的（多汗）	□	□	□	□
18. 我脸红发热（面部潮红）	□	□	□	□
19. 我容易入睡并且一夜睡得很好（睡眠障碍）	□	□	□	□
20. 我做噩梦（噩梦）	□	□	□	□
总分：				
标准分：				

说明：

① 计分方法：

正向计分题按 1、2、3、4 分计；

反向计分题按 4、3、2、1 分计（反向计分题号：5、9、13、17、19）。

总分乘以 1.25 后取整数，即得标准分。分值越小越好。

② 结果解释：

SAS 的标准分 50 分是焦虑症状的分界值。

50 分以下为无焦虑，50～59 分为轻度焦虑，60～69 分为中度焦虑，70 分及以上为严重焦虑。

表 2-5　简式心境状态量表（POMS）

请根据下列形容词表达您在上一周（包括今天）的感受。对每一个形容词，只能在五种选择中选出一项最符合您实际情况的感受，并在相应的方框内打"√"。

	几乎没有	有一点	适中	相当多	非常多
1. 紧张的	□	□	□	□	□
2. 生气的	□	□	□	□	□
3. 无精打采的	□	□	□	□	□
4. 不快活的	□	□	□	□	□
5. 轻松愉快的	□	□	□	□	□
6. 慌乱的	□	□	□	□	□
7. 为难的	□	□	□	□	□
8. 心烦意乱的	□	□	□	□	□
9. 气坏的	□	□	□	□	□
10. 劳累的	□	□	□	□	□
11. 悲伤的	□	□	□	□	□
12. 精神饱满的	□	□	□	□	□
13. 集中不了注意力的	□	□	□	□	□
14. 自信的	□	□	□	□	□
15. 内心不安的	□	□	□	□	□
16. 气恼的	□	□	□	□	□
17. 精疲力竭的	□	□	□	□	□
18. 沮丧的	□	□	□	□	□
19. 主动积极的	□	□	□	□	□
20. 慌张的	□	□	□	□	□
21. 坐卧不宁的	□	□	□	□	□
22. 烦恼的	□	□	□	□	□
23. 倦怠的	□	□	□	□	□
24. 忧郁的	□	□	□	□	□
25. 兴致勃勃的	□	□	□	□	□
26. 健忘的	□	□	□	□	□
27. 有能力感的	□	□	□	□	□
28. 易激动的	□	□	□	□	□
29. 愤怒的	□	□	□	□	□
30. 疲惫不堪的	□	□	□	□	□
31. 毫无价值的	□	□	□	□	□

	几乎没有	有一点	适中	相当多	非常多
32. 富有活力的	☐	☐	☐	☐	☐
33. 有不确定感的	☐	☐	☐	☐	☐
34. 满意的	☐	☐	☐	☐	☐
35. 担忧的	☐	☐	☐	☐	☐
36. 狂怒的	☐	☐	☐	☐	☐
37. 抱怨的	☐	☐	☐	☐	☐
38. 孤立无助的	☐	☐	☐	☐	☐
39. 劲头十足的	☐	☐	☐	☐	☐
40. 自豪的	☐	☐	☐	☐	☐

说明:

① 计分方法:

该量表的计分方法为:"几乎没有"为 0 分,"有一点"为 1 分,"适中"为 2 分,"相当多"为 3 分,"非常多"为 4 分。7 个分量的题项分别为:

紧张:第 1、8、15、21、28、35 题;

愤怒:第 2、9、16、22、29、36、37 题;

疲劳:第 3、10、17、23、30 题;

抑郁:第 4、11、18、24、31、38 题;

精力:第 5、12、19、25、32、39 题;

慌乱:第 6、13、20、26、33 题;

自尊感:第 7、14、27、34、40 题。

分别累计各分量表的原始分数,通过查阅常模,计算每个分量表的 T 分数。

TMD(情绪纷乱的总分)=5 个消极的情绪得分之和-2 个积极的情绪(精力、自尊感)得分之和+100。

② 量表来源于祝蓓里《POMS 量表及简式中国常模简介》。

表 2-6 抑郁自评量表(SDS)

填表前,请仔细阅读每一题,把意思弄明白,然后根据您最近一个星期的实际情况,在适当的方框内打"√"。(请在 10 分钟内完成。)

	没有或很少时间	少部分时间	相当多时间	绝大部分时间或全部时间
1. 我觉得闷闷不乐,情绪低沉	☐	☐	☐	☐
2. 我觉得一天之中早晨最差	☐	☐	☐	☐
3. 我会一阵阵哭出来或觉得想哭	☐	☐	☐	☐
4. 我晚上睡眠不好	☐	☐	☐	☐

	没有或很少时间	少部分时间	相当多时间	绝大部分时间或全部时间
5. 我吃得比平常少	□	□	□	□
6. 我与异性密切接触时没有以往愉快	□	□	□	□
7. 我发觉我的体重在下降	□	□	□	□
8. 我有便秘的苦恼	□	□	□	□
9. 我的心跳比平时快	□	□	□	□
10. 我会无缘无故地感到疲乏	□	□	□	□
11. 我的头脑没有平常清楚	□	□	□	□
12. 我觉得经常做的事情有困难	□	□	□	□
13. 我觉得不安而平静不下来	□	□	□	□
14. 我对将来不抱希望	□	□	□	□
15. 我容易生气和激动	□	□	□	□
16. 我觉得做出决定是困难的	□	□	□	□
17. 我觉得自己是一个无用的人，没有人需要我	□	□	□	□
18. 我的生活过得很没意思	□	□	□	□
19. 我认为如果我死了，别人会生活得好一些	□	□	□	□
20. 我对平常感兴趣的事不再感兴趣	□	□	□	□

总分:

标准分:

说明:

① 计分方法:

以上20道题都是正向计分题，按1、2、3、4分计。

将20道题的各项得分相加，即得总分。

标准分等于总分乘以1.25后的整数部分，分值越小越好。

② 结果解释:

标准分的正常上限参考值为53分。

53～62分为轻度抑郁，63～72分为中度抑郁，72分以上为重度抑郁。

（5）综合评估与建议：评估者还可以在以上各项评估的基础上进行综合分析，明确培智学校的学生在职业能力方面的优势与不足。之后，根据评估结果，提出个性化的职业发展建议，包括适合的职业方向、技能培训计划、心理支持与辅导方案等。同时，加强家庭、学校及社会各界的合作与支持，共同促进学生的全面发展与成长。

在完成以上一般能力和职业能力的评估后，可以对相关的评估结果进行汇总，作为下一个转衔阶段构建课程体系、开设配套课程、进行职业和就业引导的基础信息资料，这也是培智学校的学生职业转衔的重要依据。

二、职业转衔能力评估的实施

（1）明确学生的未来愿景：了解学生的未来规划，包括其毕业后的学术或职业路径选择，如继续深造或步入职场，以及具体目标学校或职业岗位的设想。同时，探究学生对未来生活的憧憬，包括生活方式、兴趣爱好等，以全面把握其个人发展愿景。

（2）了解家长的期望与愿景：了解与学生紧密相关的重要他人（如家长）对其转衔的期望与愿景，包括家长对学生在角色转变、学业成就及生活环境调整等方面的具体期待，以及他们希望获得的外部支持与协助，以确保学生转衔过程的顺利进行。

（3）分析转衔环境与角色：分析学生拟转衔的环境与角色，以及环境中重要他人（如家长）的想法与期待，包括深入分析学生所选择的目标行业的基本状况、工作环境要求、职业发展路径及企业期望等。此外，还需要考虑职场文化、技能需求及环境适应性等因素，为学生的职业规划提供指导。

（4）评估学生转衔能力的现状和优弱势：通过多维度评估学生转衔能力的现状，包括但不限于就业准备、学习情况、日常生活自理、休闲娱乐、社区融入、健康状况、自主决策、沟通技巧及人际关系处理等方面。这一过程旨在明确学生的强项与弱项，为后续制订职业转衔计划提供支持。

（5）适配性分析和差异识别：对比学生当前能力与拟转衔环境或角色要求之间的适配程度，识别二者之间的主要差异。若差异较大，则需考虑调整拟转衔的环境或角色；若差异较小，则需详细列出具体的差异部分，为后续职业转衔计划的制订做准备。

（6）制订职业转衔计划：根据以上分析与评估结果，综合制订职业转衔计划。该计划应涵盖职业转衔目标、具体行动步骤、所需资源与支持等内容。该计划的实施旨在帮助学生顺利实现职业转衔目标，促进其全面发展。

三、职业转衔能力评估的主要方法

职业转衔能力评估采用多元化方法来收集学生的相关资料，可分为正式评估和非正式评估两种类型。

（一）正式评估

正式评估一般包括常模参照测验和标准参照测验。常模参照测验是指将学生的表现与同龄人的平均表现进行比较的测验。标准参照测验则是根据预先设定的标准或基准来评估学生的能力或知识水平，侧重于评估学生是否达到了特定的能力或学习标准。常用的标准参照测验包括智力评估、适应行为能力评估、语言评估、知觉动作测验、学业成就测验等。对于前面所列举的各类测验，评估者需要根据学生的障碍类型和需求选择合适的工具。虽然这些测验结果可能与转衔内容不直接相关，但它们为制订职业转衔计划提供了重要的参考和依据。

（二）非正式评估

非正式评估则更加灵活多样，包括观察、访谈、功能性行为评估、生态评估等。例如，通过与学生本人或家长进行访谈，可以深入了解学生的职业兴趣和偏好，为职业转衔计划的制订提供重要的个性化信息。一般情况下，访谈之前最好先拟定访谈提纲，以对评估内容有更深入的了解，并在访谈过程中根据实际情况进行调整。例如，针对培智学校职高班孤独症学生王某转衔至职场（超市）的适切性进行了解，可以尝试拟定如下访谈提纲（见表2-7），对相关人员进行访谈。

表2-7　培智学校职高班孤独症学生王某转衔至超市的访谈提纲

序号	访谈提纲
1	他的情绪行为表现适合在超市工作吗？为什么？
2	他的社会适应能力如何？适合在超市工作吗？为什么？
3	他自己期望在超市工作吗？为什么觉得他适合此工作？
4	他的家人对于他在超市工作有何想法？
5	他的基本学习能力如何？适合超市的哪些具体岗位？
6	超市是否有意愿接纳孤独症人士？超市现有的支持与服务项目是否符合王某的实际需求？
7	他的哪些孤独症特质适合在超市工作？

此外，也可以尝试通过自编的评定量表对学生本人、教师、家长等进行评估。由于特殊学生之间的个体差异较大，因此一般都是由教师针对特定的内容进行自编，如尝试对学生下一个阶段转衔的意愿、态度、所需的能力等编拟评定量表以进行评估。例如，针对培智学校职高班孤独症学生王某转衔至职场（超市），可以自编以下四级评定量表（见表2-8），以了解相关人员对于学生转衔适切性的态度。

表2-8　培智学校职高班孤独症学生王某转衔至超市的评定量表

序号	内容	非常同意	同意	不同意	非常不同意
1	他的情绪行为表现适合在超市工作				
2	他的社会适应能力较强，适合在超市工作				
3	他自己有意愿在超市工作				
4	他的家人期望他在超市工作				
5	他基本具备在超市工作的认知能力				
6	超市现有的支持与服务项目符合王某的实际需求				
7	他的注意力比较集中，适合在超市工作				

除上述方法外，教师还可以在实际工作环境中进行观察，记录学生在真实职场中的表现，如工作技能、职业行为、适应能力及与同事的互动，以补充在正式评估中无法获得的细节。这种观察不仅限于学生的技术技能，还包括他们的人际交往能力、团队合作精神、问题解决能力及面对工作压力的应对方式。

四、职业转衔能力评估的主要量表介绍

目前国外常用的职业转衔能力评估量表有转衔技能清单（Transition Skills Inventory，TSI）（Halpern，1996）、转衔计划清单（Transition Planning Inventory，TPI）（Clark & Patton，1997）、转衔行为量表（Transition Behavior Scale，TBS-2）（McCarney，2000）、转衔评定量表（Transition Rating Scale，TRS）（Enderle & Severson，2003）等。

在多种评估量表中，TPI 的使用较为广泛，目前使用的是第三版（TPI-3）。该量表已被翻译成多种语言，包括拉丁文、中文、韩文等，以满足不同文化和语言背景的用户的需求。以下是对该量表的简要介绍。

（1）测验目的：确定和规划学生的全面转衔需求。

（2）编制者：Gary M.Clark & James R. Patton。

（3）适用范围：14～22 岁。

（4）测验形式：个别施测。

（5）测验时间：15～30 分钟。

（6）内容构成：TPI-3 共有三个版本，分别是学生版本、学校版本和家庭版本。学生版本由学生自己填写，学校版本由熟悉学生的教师或辅助人员填写，家庭版本由学生家长或主要监护人填写。TPI-3 采用 0～5 级评分等级（从"非常不同意"到"非常同意"），包括 57 个问题，这些问题涵盖工作、学习和生活三大领域。工作领域包括生涯抉择、就业知识与技能两个次级领域，学习领域包含未来的教育、功能性沟通和自我决策三个次级领域，生活领域包括独立生活、金钱管理、社区参与、休闲、健康和人际关系六个次级领域。评估者可以从学生、教师和家长的填写内容中，了解学生的转衔与服务需求。

职业转衔能力评估是一个综合性的过程，涉及学生、家长、教师和各类专业人员的协作。这一过程包括学生基本资料收集、能力评估、评估结果解读和计划实施等多个环节，每个环节都需要不同专业领域人员的共同努力。评估的参与者通常包括学生本人、家长、特殊教育教师、康复治疗师、社会工作者、职业评估专家、未来就业场所的负责人等。参与者应根据学生的个别化转衔需求来确定，这意味着参与者的组成是灵活的，需要根据学生的具体情况而变化。

第二节　职业转衔计划的制订

职业转衔计划有两个重要的组成部分。一是确定特殊学生在离开学校后实现独立成人生活的教育目标。这应涵盖独立生活、就业（包括支持性就业）、社会适应、自我决策能力等领域。学校应为16～22岁从高中过渡到成年的学生提供各种独特的课程。二是建立机构之间的联系。学校应扮演好个案管理者的角色，与政府和其他公共服务组织合作，建立协作团队。这种机构之间的联系是确保学生从学校到社会生活平稳过渡的关键组成部分。目前，主要由学校寻找有能力、有经验的第三方社会组织，有接收培智学校学生就业意向的企业共同推进此项工作。

一、职业转衔计划的基本要点

（一）学生/家长的愿景陈述

愿景陈述为学生及家长提供了表达个人目标和愿望的机会。通过让学生用自己的语言来描述未来期望的情景，可以更充分地展示学生自主决策的过程。只有让学生及家长充分表达个人愿望，相关人员才能制订更有效的职业转衔计划，以更好地保障学生的权益。

（二）学生的现有能力

这部分内容旨在评估学生当前的学业表现、职业能力和独立生活能力。

（1）学业表现：确定学生的阅读、数学和写作能力，以评估其对接受进一步教育和培训的准备程度。

（2）职业能力：评估学生的职业兴趣、社交技能和职业技能，帮助其确定未来就业的方向。

（3）独立生活能力：包括个人理财、健康与卫生、交通、家务等方面的能力，以评估学生的日常生活独立性。

（三）学生要学习的课程和职业转衔需要

职业转衔计划中应确定学生要学习的课程和职业转衔需要。

（1）要学习的课程：确定学生需要学习哪些课程来满足其中学后教育、职业发展和生活技能目标。这可能包括学术课程、职业培训课程和独立生活技能课程等。

（2）职业转衔需要：确定学生在从培智学校到工作或接受高等教育过渡时可能需

要的资源和服务，如职业咨询和就业技能培训、高等教育申请指导、社区支持服务、自我决策能力培训（如决策和自我倡导）。

（四）关于学生工作、中学后教育、居住生活和社区参与的中学后目标

职业转衔计划中应为学生设定中学后目标，以确保他们的教育和职业生涯顺利发展。具体包括以下目标。

（1）工作目标：确定学生想要从事的工作或职业领域，以及可能的就业类型（包括支持性就业）。

（2）中学后教育目标：设定学生中学毕业后希望取得的学历或技能证书。

（3）居住生活目标：规划学生独立或辅助居住的安排和目标。

（4）社区参与目标：促进学生积极参与社区活动，培养社交能力，构建支持性人际网络。

（五）需要的职业转衔服务和各项服务的负责人

职业转衔计划中应列出需要的职业转衔服务，并明确各项服务的负责人。服务可能包括以下内容。

（1）职业培训和就业服务：提供实习、职业咨询和工作辅导等服务。

（2）高等教育支持服务：提供高等院校入学申请、助学金申请和适应大学生活的指导等服务。

（3）居住生活支持服务：协助寻找合适的居住环境或提供家政技能培训。

（4）社会和心理支持服务：提供社交技能、心理健康咨询和自我决策能力培训。

（5）家庭支持服务：帮助家庭为学生提供稳定的转衔环境和情感支持。

各项服务的负责人可以是学校教师、就业顾问、社区服务机构代表，也可以是其他与学生发展相关的专业人员。其主要职责是确保各方在转衔过程中积极合作。

二、职业转衔计划的主要内容

在我国的特殊教育领域，通常将职业转衔计划整合到学生的个别化教育计划中，使其与学科教学及校内其他课程安排密切相关。在职业转衔计划的实施过程中，我们以个别化教育计划为基础，将职业转衔需要关注的内容要素融入职业转衔计划的实施过程中。目前国内虽然尚未在法律层面规范职业转衔计划的具体内容，但通常默认其包括以下几个方面。

（一）学生的基本资料

学生的基本资料部分主要包括学生的基本情况、家庭成员的基本信息、家庭经济及其他支持状况等。这部分是职业转衔计划的基础，主要用于确定计划制订与实施的家庭成员，分析学生的家庭生态环境，以便更好地综合运用相关资源进行支持与服务。通过访谈填写学生基本资料表（见表 2-9）和访谈记录表（见表 2-10），可以掌握更多的学生信息。

表 2-9　学生基本资料表

姓名		性别		身份证号码		残疾类别	
				出生日期		残疾等级	
户籍地址					联系电话		
通信地址							
电子邮箱				传真			
监护人		与学生的关系			联系电话		
联系地址							

健康状况	身高：		视力	左：	色盲	听力	左：	智力	
	体重：			右：	□有 □无		右：	其他残疾	
	□健康 □体弱 □多病		病名						
	目前服用的药物名称			药物用法			对何种药物过敏		

残疾状况	残疾时间		致残原因	
	残疾部位			
	残疾情况（是否伴随其他功能障碍，功能障碍的稳定性、目前的治疗情况、服药情形）			
	使用辅助器具的状况与需求			

受教育程度	□未上过学　□小学　□初中　□高中（职高）　□大专　□本科　□研究生		
毕业学校	年级	就学期间	是否毕业
		年　月至　年　月	□是 □否
职业证照	职类	等级	

曾接受的服务记录	经济补助	□低收入生活补助　　□急难救助　　　□生活辅助器具补助 □医疗补助　　　　　□奖助学金　　　□学杂费减免补助 □租赁补助　　　　　□其他（请注明）_____
	支持性服务	□居家照顾服务　　　□临时照顾服务　□交通服务 □个案管理服务　　　□咨询服务　　　□休闲活动 □个别家庭服务计划　□其他（请注明）_____
	康复与医疗服务	□物理治疗　□职业康复　□语言治疗　□个别心理治疗　□团体心理治疗 □听力康复　□精神科医疗　□视力康复　□健康管理　□居家护理 □居家康复　□辅助器具　□精神康复机构　□残疾重新鉴定 □最近鉴定时间：____年____月____日　□重大疾病医疗（请注明）_____ □其他（请注明）_____

续表

曾接受的服务记录	就学服务	□定向行动　　　　　　□学习辅导　　　　　　□行为辅导 □课业辅导　　　　　　□生活辅导　　　　　　□职业能力评估 □入学渠道（请注明）_____　　　□校外实习（请注明岗位及时间）_____ □其他（请注明）_____
	安置服务	□一般学校（班型）_____　　□特殊教育学校　　　□日间照料机构 □寄宿制托养机构　　　　　□残疾人之家　　　　　□紧急收容、庇护 □其他（请注明）_____
	就业服务	□职业能力评估　　　　□职业能力训练　　　　□就业辅导 □支持性就业　　　　　□辅助性就业　　　　　□其他（请注明）_____

项目	现况能力分析（若该项目有相关资料、记录、表单可附于附录，并将附录编号注明于该项分析栏中即可。注意此处不是评估，而是对现有能力的记录）	
认知能力（记忆理解、推理、注意力等）		
沟通能力（语言理解、语言表达等）		
学习能力（语文阅读、书写、数学等）		
生活自理能力（饮食、如厕、盥洗衣物、穿脱衣物、上下学能力等）		
社会化及情绪行为能力（人际关系、情绪管理、行为问题等）		
职业能力（曾经接受的职业能力训练、实习及其期限，曾经从事的职业种类、工作表现和水平等）	就业	
	实习经验	
	职业培训	
本次转衔的主要需求（请填表人说明）		
希望参加的职业培训		

希望就业的职业种类、待遇与工作地点（请填表人建议）	第一志愿：	工作地点	1.
	第二志愿：		2.
	第三志愿：		3.
	希望待遇（最低每月薪资）：	加班意愿：□愿意　□不愿意	
	希望工作班别：□不拘　□一班制　□二班制　□三班制		

续表

填表人		单位		职称	
联系电话		电子邮箱		填表时间	
请填表人随表附上服务个案期间所有与个案相关的医疗、教育、职业能力训练、就业经历等资料					

表2-10 访谈记录表

服务单位						
编号		就业指导老师			访谈日期	

个案基本资料

姓名		出生日期		性别	
致残原因		残疾类别、等级		残疾时间	
婚姻状况	□已婚　□未婚　□分居　□离婚　□其他				

体能状况	身高		体重		血型	
	视力	左：　　右：	矫正	□是 □否	色盲	□是 □否
	听力	左：　　右：				

一、身体（障碍）状况描述：

目前行动状况：□正常　□虽未使用辅助器具但行动缓慢　□行动时需要使用轮椅或拐杖、义肢等辅助器具

使用辅助器具：□无　□拐杖　□助听器　□轮椅　□义肢　□其他

二、医疗情形：（精神残疾请附医生签名的医疗单位诊断书）

1. 医疗状况：□未就诊　□就诊　□追踪　□住院治疗　□其他

（1）就诊医院：

（2）就诊原因：

（3）症状：

2. 服药状况：（若有应用药而未用药的情形，请务必说明原因）

受教育程度	□未上过学　□小学　□初中　□高中（职高）　□大专　□本科　□研究生			
毕业学校	年级	就学期间	是否毕业	
		年　月至　年　月	□是 □否	

户籍所在地（以户口本为准）：

住址		传真	
联系方式			
电子邮箱			

家庭状况

住所性质：□自有　□租屋（房租＿＿＿元/月）　□医院　□托养机构　□其他

1. 是否与家人同住：

□否　　□是，有哪些成员：＿＿＿＿＿＿＿

2. 家属中是否有其他身心障碍者：

□否　　□是，＿＿＿＿＿＿＿位，类别：＿＿＿＿＿＿＿

3. 经济状况：

（1）主要经济来源者：

（2）家庭每月收入：

（3）享受的社会保障与补助：

□"两项补贴"：＿＿＿＿＿＿＿元/月

□生活辅助器具补助：＿＿＿＿＿＿＿元/月

□其他（请注明）：＿＿＿＿＿＿＿＿＿

4. 与家人相处情形：

5. 家庭状况概述：

6. 家庭支持系统（家系图、生态图）：

职业有关经验	1. 是否受过职业培训： □否　　□是，请说明培训单位、职业种类及起止日期： 2. 是否有工作经验： □否　　□是，请说明工作单位、工作性质、工作起止日期及离职原因：

联络人	姓名		性别		与学生的关系	
	联系地址				传真	
	联系电话					
	电子邮箱					

主要需求	主要需求：（可多选） □与就业相关的残疾人优惠政策（如创业机会或就业贷款） □职业能力训练　　　　　　　□辅助性就业安置 □一般性就业服务　　　　　　□支持性就业服务 □其他（请注明）_____

工作特性初步评估	下列问题主要由学生回答，对于学生较难回答的项目，可以请家长/监护人客观描述，但请在题号上画圈表示本题由家长/监护人代答。 1. 目前有没有工作：□无　　□有 2. 为何想工作赚钱： 3. 能做哪些工作： 4. 希望做什么类型的工作： 5. 希望在哪里工作： 6. 希望工作的时段：　　　　　　　　可否轮班及值夜班： 7. 希望待遇： 8. 人际沟通有没有困难：□无　　□有（请注明）_____ 9. 交通/行动上是否需要协助：□否　　□是（请注明）_____ 10. 生活自理是否需要协助：□否　　□是（请注明）_____

续表

工作特性初步评估	11. 是否愿意和健全人一起工作：□愿意　　□不愿意
	12. 有无异常行为或情绪表现：□无　□有
	（如是否有某些习惯性的怪动作或固持行为，或者曾在精神科就诊、有精神上的异状）
	13. 工作时可以使用哪只手：□左手　　□右手
	14. 生活作息如何：□正常　□不正常
	15. 有无不良嗜好：□无　　□有
	16. 有无特殊专长：□无　　□有

| 职业辅导评估 | 是否有职业辅导评估经历：□无　　□有，请附上职业辅导评估报告书 |

评估日期	评估机构	评估人员

| 证件 | 1. 身份证复印件（正面） | 2. 身份证复印件（反面） |
| | 1. 残疾证（正面） | 2. 残疾证（反面） |

注：若有其他证件照请附件于后。

说明：

本表主要供初次接案访谈时使用。辅导教师不必完全依照表格上的问题次序及表述来收集学生的相关资料，以自然的谈话方式及使用学生可以理解的词语来收集即可。

（二）学生的转衔评估

转衔评估是职业转衔计划的核心，它以学生为中心，目的是了解学生对于未来生活的规划。转衔评估一般通过正式评估和非正式评估的方法对学生的一般能力、职业能力进行评估，以深入了解其对未来生活的愿景、自身的兴趣和优势、转衔的需求、各方面的能力。具体参见上一节"职业转衔能力的评估"。

（三）学生的职业转衔目标

基于对学生的综合评估结果，结合学生对未来生活的规划和家长的期望，以及未来职业岗位的能力要求，教师将初步制定切实可行、可评可测的职业转衔目标，为后续召开的转衔会议做好充分的准备。

（四）转衔所需的各项支持服务与资源

基于学生的职业转衔目标，教师将初步分析达成目标所需的各项支持服务与资源。这包括学校、家庭和社区等多方面的支持，涉及人力、物力或信息资源，如特殊教育服务、职业能力训练设施、家庭的支持网络、社区中可用的相关服务和机构。通过资源分析，可以确保职业转衔计划在实施时得到有效的支持，帮助学生顺利过渡到下一个生活和学习阶段。

（五）转衔会议

教师应根据学生的实际情况召集相关人员，组建转衔团队，召开转衔会议。转衔会议的主要任务是解读学生的综合评估结果，分析并讨论学生的职业转衔目标，并在此基础上确定职业转衔服务的具体内容、所需资源和各方的支持措施。最终需要团队成员达成一致意见，并签字形成职业转衔计划的定稿。

三、职业转衔目标的拟定

职业转衔目标的拟定是制订职业转衔计划的关键环节，为学生的转衔过程提供了明确的方向。教师应根据前期转衔评估的结果，在充分分析学生的现有能力、职业倾向、家长预期及其与未来职业环境的匹配程度等基础上，找出学生现阶段在独立生活、学业技能、职业技能和社区适应方面的优势与劣势，明确学生的转衔需求，确定职业转衔服务的优先顺序，拟定职业转衔目标。

职业转衔目标和个别化教育计划中的长短期目标一样，除需要阐明目标是什么外，还需要规划达成目标的方式、执行的期限，以及如何评估学生的进步情况。转衔团队需要定期针对目标进行检讨，跟踪目标的达成效果，并以此为依据调整目标和服务内容。在拟定职业转衔目标时需要考虑以下原则。

（1）与生理年龄相符：拟定的目标应考虑学生的生理年龄，即符合学生在生理和发展上的特点与需求。

（2）提升整体生活品质：拟定的目标应旨在提升学生的整体生活品质，包括教育、职业和社交等方面。

（3）充分尊重学生和家长的意见：在拟定目标时，应高度重视学生和家长的意见，他们的反馈和期望有助于确保目标的合理性与可行性。

（4）促进同伴互动：在拟定目标时，需要考虑学生与同伴的互动机会，以便使其能够在实际生活中习得必要的社交和沟通技能。

（5）可行性：拟定的目标应切实可行，不应与学生的能力和家庭资源差距过大，以确保目标的可实现性。

（6）扩大技能应用范围：拟定的目标应有助于学生将习得的技能应用到生活的各个层面，而不仅仅停留在特定领域。

四、职业转衔服务的内容

职业转衔服务的内容是指为了实现职业转衔目标而提供的一系列服务，这是确保职业转衔目标成功实现的有效支持和保障。

美国在 2004 年修订的《残疾人教育法》中明确指出：转衔服务是为特殊学生设计的一组协调活动，旨在通过结果导向的过程来提高他们的学术能力和功能性能力，以帮助他们顺利从学校过渡到学校后的生活，包括高等教育、职业培训、整合性就业（包括支持性就业）、持续教育和成人教育、成人服务、独立生活和社会参与。这些服务需要根据学生的需求，并考虑到他们的优势、兴趣和爱好来制定。

中国台湾地区的职业转衔服务的内容包括就业辅导、生活辅导、心理辅导及其他相关专业服务。学者钮文英（2010）综合梳理了美国与中国台湾地区的职业转衔服务的项目和内容，并进行了较为详细的描述（见表 2-11）。

表 2-11　职业转衔服务的项目和内容

职业转衔服务的项目	职业转衔服务的内容	
	培养学生所需的转衔能力	提供促进学生转衔所需的支持性服务
就业辅导	1. 探索学生的职业兴趣、职业能力的优势和劣势。 2. 使学生了解拟就业职场的背景信息、工作内容、招聘条件和所需技能，以及到达拟就业职场的交通方式。 3. 提高学生的就业动机和求职技能。 4. 培养学生与特定职业相关的基本技能、职业态度和行为，建立学生与安全事项之间的联系。 5. 使学生了解职业培训机构的种类、培训内容、参加培训的条件和所需技能，以及到达职业培训机构的交通方式。 6. 建立学生与职业培训所需能力之间的联系	1. 开发和匹配职业培训或就业机会。 2. 安排校内外的职业实习。 3. 提供职业重新设计和就业辅助科技服务、与就业相关的福利信息、到达拟就业职场的交通资源、连接职业康复的专业团队服务。 4. 让雇主和员工了解学生的特点与支持需求。 5. 协助家长指导学生适应就业环境
生活辅导	1. 培养学生的自我照顾技能，包括保护身体和心理健康的技能、应对身心变化和需求变化的能力。 2. 培养学生的金钱使用和管理技能、处理家务能力，以及居家安全和面对意外事故的处理能力。 3. 利用社区各种场所、资源和服务，使学生了解社区活动的安全事项和面对意外事故的处理方法。 4. 安排休闲生活，使学生了解到达社区或休闲活动场所的交通方式。 5. 使学生了解生活中相关的法律、个人基本权益和责任	1. 提供与赡养相关的福利服务信息、社区家园的资讯，包括居家生活辅助性科技服务、前往社区或休闲活动场所的交通资源，以及社区中身心障碍群体的信息，促进学生参与社区举办的休闲活动。 2. 提供连接医疗、康复与社会工作的服务，确保学生得到全方位的支持与帮助。 3. 协助家长规划学生的未来成人生活（如设立身心障碍者的财产信托，以及帮助学生更好地适应居家生活）
心理辅导	1. 提升学生的自我概念，设定合理的目标和期望。 2. 帮助学生制订生涯计划和规划生活作息。 3. 使学生与家人、教师、同学、朋友、雇主和同事适当互动。 4. 培养学生调整情绪，以及适应不同角色或环境转换的心理调适能力。 5. 教导学生适应日常生活中的改变、困难或问题的方法。 6. 培养学生做出选择和决定，以及维护和争取自己权益的能力	1. 提供心理辅导机构和服务信息。 2. 协助家长指导学生在角色或环境发生转换时进行心理调适

资料来源：钮文英. 转衔评量在发展个别化转衔计划之应用探讨[J]. 台中教育大学学报，2010，24（2）.

五、制订职业转衔计划的注意事项

（1）针对职业转衔阶段的特点、残疾特性和学生个体的能力，制订符合其独特需求的职业转衔计划。

（2）明确职业转衔服务及其支持的具体项目，确保计划具备可执行性，包括详细列出项目、内容、日期、负责人等信息。

（3）在评估后，将需要加强的技能明确列为学年/学期目标，遵循长短期目标的原则撰写。确保目标表述具备可观察、可测量的特点，并清晰阐述目标达成的评估方法、评估标准和实施日期。

（4）尊重学生和家长的意见，积极邀请学生参与讨论，以确保计划充分体现学生的自主选择。

（5）在制订职业转衔计划的过程中，整合多方意见，采取团队合作的形式共同讨论和商榷，以确保计划的全面性和有效性。

（6）与个别化教育计划相似，要定期检验职业转衔计划的执行情况，并进行适当的调整。每学期至少进行一次检验，以确保计划的及时响应和不断优化。

第三节　职业转衔计划的实施

职业转衔计划的实施是一项系统性的工程，旨在帮助特殊学生顺利过渡到成人生活，特别是融入职场环境。为了确保这一计划的有效性，学校、家庭和社会各界需要共同努力，形成支持性的网络。在制订职业转衔计划后，需要验证计划并将计划付诸实践，一般这个过程需要通过召开转衔会议来实现。

一、转衔会议的召开

转衔会议召开的目的在于促进学生原安置场所与未来拟安置场所的教育相关人员之间的充分沟通和协作，以引导各方落实职业转衔计划。此会议的核心目标是讨论特殊学生的个体差异，包括能力现状、教学策略、需求、福利等方面，以便为学生的顺利转衔提供全面支持。在此过程中，参会人员将共同决定原安置场所在学生毕业前应提供的辅导措施，以及未来拟安置场所在学生安置时须提供的教育服务与支持。

（一）会议前期准备

1. 确定转衔团队的人员构成

综合国外特殊教育学校职业转衔的实际开展情况，可确定一般转衔团队的核心成员通常包括以下几类。

（1）特殊学生。

（2）特殊学生的父母或其他监护人。

（3）特殊教育教师。

（4）熟悉普通教育课程的地方教育机构代表。

（5）能够解释评估报告的专业人士。

（6）普通教育教师（如果学生将在普通班级学习或接受职业教育的话）。

除这些核心成员外，转衔团队中还应纳入其他相关人员，以确保充分考虑学生的特殊需求和个人喜好。这些相关人员可能包括（但不仅限于此）以下几类。

（1）工作与学习的协调者和转衔专家。

（2）相关专业服务的提供者。

（3）职业康复咨询者。

（4）学生转衔成人阶段服务的提供者。

（5）雇主。

（6）中学后教育计划的代表。

（7）社区支持者。

构建这一多元转衔团队的目的在于确保职业转衔计划的全面性和个性化，帮助学生成功适应新的学习和生活环境。

综合我国基层特殊教育学校职业转衔的实际开展情况，可确定一般转衔团队的核心成员由以下几类构成。

（1）教师：学生所在班级的班主任、特殊教育教师、学科任课教师。

（2）学校相关行政人员：负责教学、后勤等工作的相关行政人员。

（3）学生和家长：学生本人、家长或其他监护人。

（4）其他相关专业人员：拟转衔接收单位的主要负责人、职业规划专业人员、康复师、临床心理工作者、社会工作者、福利部门相关人员等。

明确职责在职业转衔计划的实施中至关重要，职责的明确（见表2-12）能够确保转衔团队高效协作、分工清晰，避免工作交叉，提高执行效率，同时建立责任制，激发转衔团队成员的责任感，确保学生在转衔过程中得到全方位的支持和关注。

表 2-12　转衔团队主要成员的职责

身份	主要职责
特殊学生	1. 提供自己的职业兴趣、偏好、优势等资料。 2. 协助制订职业转衔计划
学生家长或其他监护人	1. 表达对学生转衔的愿景。 2. 参与制订职业转衔计划，如目标拟定、转衔服务内容确定等。 3. 提供相关资料，如家长在参与学生转衔过程中的能力与限制
特殊教育教师	1. 提供学生现有能力的相关资料。 2. 指出学生转衔所具备的能力与限制。 3. 协助解释相关评估资料。 4. 协助拟定专线目标，参与职业转衔服务内容的确定
学校行政代表	1. 代表学校解释相关制度。 2. 提供相关服务
转衔服务提供者 （企业、社会福利部门等）	1. 提供与职业能力训练和安置相关的资料。 2. 提供残疾人就业的相关政策资讯。 3. 参与职业转衔服务具体内容的落实。 4. 提供功能性职业评估和就业咨询
其他相关专业人员	1. 解释评估结果。 2. 提出教育及相关服务的建议

2. 联系参会人员

由于职业转衔计划涉及学生未来生活的诸多方面，邀请的参会人员大多来自不同的行业背景，所以需要提前联系各个参会人员。负责拟订学生职业转衔计划的教师可以通过手机短信或电子邮箱提前一周通知参会人员会议的具体细节。在通知中，应明确说明会议的重要性，强调其对学生未来生活的影响，以提高参会人员的参与度和对会议的关注度。

3. 准备会议资料

为了更好地支持学生转衔，保证会议的质量，需要准备以下几类会议资料。

（1）个别化教育计划：提供学生最新的个别化教育计划，其中应包含学生的学习目标、所需的支持服务和适应措施。该计划是讨论学生未来教育和职业目标的基础。

（2）评估报告：包括学生的能力评估、职业兴趣测试和其他相关评估的报告。着重准备与学生的职业和生活技能相关的评估材料，以便通过解读与分析确定学生的强项、兴趣和潜在的职业路径，从而提供转衔的技能培训和支持。

（3）学生的学术记录：整理目前学生的学科学习成绩单和相关学术成就记录，以评估学生的学业水平和教育需求。

（4）法律和政策文件：如果适用，则应准备有关残疾人权利的法律和政策文件，以确保计划符合相关规定。

（5）后续就业资源：准备相关的职业培训项目和就业资源的信息，以便在会议中进行讨论和规划。

（6）相关服务提供者的信息：如果学生正在接受专业服务（如言语治疗、职业治疗等），则应提供相关服务提供者的联系信息和服务报告。

4. 准备会议场地

尽量选择环境安静、设备齐全、方便交谈的小型会议室。承办方需要准备多媒体设备、纸、笔、摄像机、录音笔等，以便记录会议内容。

（二）会议要解决的问题

1. 介绍学生的综合评估结果

负责评估的教师将对个案的基本情况进行详细汇报，包括学生的基本情况、学业成绩、特殊需求等关键信息，同时着重汇报学生的转衔评估结果。在场其他的参会人员对评估结果有疑问可以提出，以便后续分析与讨论。

2. 综合分析与研讨

参会人员还应综合分析与研讨学生的发展现状、未来职业发展的潜能、与职业相关的资源、教育重点等内容，具体如下。

（1）研讨学生的障碍类型、程度。

（2）研讨学生的优势和劣势，并将此与相关职业进行匹配。同时，考虑学生的兴趣和偏好，初步形成未来拟就业的方向。

（3）结合学生意愿、家长意见，综合评估结果，讨论并分析职业转衔目标的适切性和可操作性。

（4）沟通转衔相关资源渠道的信息，确定职业转衔服务的项目和内容。

（5）将职业转衔目标与现有课程相结合，整体规划整合性教学活动。

转衔会议结束后，负责个案转衔的教师将结合会议内容进行职业转衔计划的修改。参会人员将充分讨论并达成一致意见。经过讨论和协商，如果所有参会人员都认可计划的修改，就签字并执行该计划。转衔会议记录表（见表2-13）将作为职业转衔计划的原始佐证与职业转衔计划表（见表2-14）一起保存。

表2-13 转衔会议记录表

一、学生基本信息		
姓名：	学号：	年级/班级：
出生日期：	主要障碍类型（如智力障碍、孤独症等）：	联系方式（家长）：

续表

二、职业转衔目标设定
1. 总体目标：明确学生从当前学习阶段向就业转衔的总体期望和成果。 2. 具体目标（可列出多项）： 生活自理能力： 社交技能： 兴趣培养： 职业技能：

三、当前能力评估
技能表现：简述学生掌握的技能种类与水平。 生活技能：评估学生的日常生活自理能力。 社交与情感：描述学生的社交互动、情感表达与理解能力。 特殊需求：列出学生目前的特殊需求或行为支持需求

四、目标达成策略（职业技能养成）
个性化教学计划：针对学生的具体目标设计的教学方法和活动。 辅助技术与工具：计划使用的任何辅助设备或软件。 行为干预策略：针对学生行为挑战的应对措施。 持续评估机制：定期评估学生学习进度的方法

五、支持资源分配
师资力量：指定负责转衔工作的教师或专家。 外部资源：如专业康复机构、社区资源、专业转衔机构等。 资金与材料：预算安排及所需教学材料、设备等

六、家校合作计划
沟通机制：建立家校之间的沟通渠道。 家庭支持：确定家长在转衔过程中所需承担的角色与任务。 家庭培训：为家长提供的相关培训或指导内容

七、时间规划与进度
短期目标（1～3 个月）：具体目标与达成时间。 中期目标（4～6 个月）：进一步的目标及时间节点。 长期目标（6 个月以上）：最终目标与实现路径

八、风险评估与应对
潜在风险：转衔过程中可能遇到的挑战或问题。 应对措施：针对每种风险制定的预防措施和解决方案

九、评估与调整机制
评估周期：定期评估的时间间隔。 评估方式：采用的评估工具或方法。 调整策略：根据评估结果调整教学计划或支持措施的策略

十、会议总结与签名
会议总结： 本次会议主要讨论了____学生的职业转衔计划，明确了职业转衔目标、当前能力评估、达成策略、资源分配等关键内容。各方就家校合作、时间规划、风险评估等方面进行了深入交流，并达成了共识。

续表

参与人员签名： 主持人：　　　　　　　　日期： 记录人：　　　　　　　　日期： 家长：　　　　　　　　　日期： 学校代表（教师/专家）：　　日期：

注：请根据实际情况填写上述模板中的空白部分，以确保转衔会议记录表的完整性和准确性。

表2-14　职业转衔计划表

第一部分：个案基本资料			
特殊学生转衔评估结果摘要	姓名：		出生日期：
	年龄：		性别：
	学校：		年级：
	预计毕业时间：		
第二部分：个案及其家庭的喜好与兴趣			
个案： 家庭：			
第三部分：可能的职业规划			
第四部分：转衔评估结果摘要			
转衔能力		资料的来源及收集方法	评估结果
转衔至成人生活的重要能力	心理健康		
	自我决定		
	人际互动		
	居家生活		
	社区休闲		
未来转衔目标的规划能力	就业/职业能力训练所需的能力		

续表

第五部分：转衔目标			
例如，通过支持性就业方式，能从事超市清洁工作			

第六部分：转衔需求与服务内容			
项目	转衔需求	转衔服务内容	负责人
一般能力强化			
就业辅导			
心理辅导			
生活辅导			

第七部分：转衔能力的学年和学期教育目标		
职业教育	学年目标	学期目标
生活适应		
社会适应		
体能强化		
职业技能		

注：以上职业转衔计划表可根据个案需要适时进行调整。

二、转衔会议的挑战与趋势

（一）转衔会议的挑战

（1）多方沟通困难：学生、家长、教师、雇主和其他机构工作人员之间需要通力合作，但由于信息不对称或沟通不畅，各方对目标和需求的理解可能并不一致。

（2）资源限制：一些学校缺乏足够的专业资源来支持计划的制订与实施，导致其难以满足学生的个别化需求，进而影响计划的执行效果。

（3）家长和学生的参与度不足：部分家长和学生对职业转衔计划缺乏了解，对参与制订或执行计划不够积极。此外，学生的自我决策能力可能不足，难以有效表达自身的愿望和目标。

（4）服务间断：服务间断的问题常出现在从学校向社会的过渡期间，这可能导致就业支持、生活辅导等关键服务无法顺利衔接，给学生的转衔过程带来挑战。

（5）评估不足：对学生现有能力和需求的评估不充分，可能导致拟定的目标过高或过低。

（6）缺乏定期监测机制：这可能使问题得不到及时解决，影响计划的顺利执行。

（二）转衔会议的趋势

面对上述挑战，未来的发展趋势将注重通过数据驱动的方法制订更加个性化的职业转衔计划，以更好地匹配学生的实际需求。未来的评估将变得更加全面，包括对学生的学术、职业、心理等方面进行全方位的评估，以确保职业转衔计划基于实际需求。跨机构合作也将成为趋势，学校与各类政府机构、社区服务组织和企业将加强协作，提供一站式服务，减少服务间断。教育部门可以加大宣传力度，培养学生的自我决策能力，让家长和学生更积极地参与计划的制订与执行。技术辅助工具（如职业规划软件、虚拟现实工具等）将用于帮助学生更好地了解相关职业和生活选择，提前为未来做好准备。转衔团队可以通过建立定期监测机制，根据反馈与评估结果及时调整计划，确保学生从学校顺利过渡到社会，并实现其就业、教育和生活方面的长期目标。

第四节 培智学校学生职业转衔服务方案的实施

目前，浙江省内的培智学校都在探索职高阶段学生的职业转衔。其中，杭州市湖墅学校探索了与第三方联合实施的职业转衔模式，构建了自己的职业转衔模式。杭州市湖墅学校是拱墅区下属的一所集学前康复、义务教育和职业教育为一体的十五年一贯制培智学校，得名于运河之畔"十里银湖墅"的著名古景。学校秉承"微笑在湖墅"的办学理念，关爱每一个细微处，以"每个孩子毕业后的美好生活"为导向，以学生的需要为出发点和终极目标。

学校于 2008 年开设职业教育班，2013 年完成三年职业高中建制，建立了"五年四段三核心"的职业教育模式。"五年"是指将职业教育的年限从三年延长至五年，将义务教育阶段九年级和毕业后一年加入职业教育年限中，开启三级转衔就业辅导；"四段"是指在五年中分列为职业觉知、职业探索、职业实训、就业辅导四个学习阶段；"三核心"是指发展学生的独立生活能力、一般职业能力和工作人格三大核心素养。学校结合学生的障碍特点和区域经济的发展特点，创建了培智学校"微笑'1+6'"职业教育门市职业群，在校内创建了微笑烘焙坊、微笑超市、微笑绿厨房、微笑手工坊、微笑洗车坊、微笑奶茶吧六个实训基地。另外，学校积极响应"好照顾、好家人、好帮手、好公民"四级培养目标，建立了"居家安养、机构照护、庇护性就业、独立就业"四级安置模式，每年都会联系相关企业来校召开现场招聘会，组织家长参观残疾人之家等安置机构，希望每一个毕业生"能就业就要敬业，不能就业就要敬重生活"。

杭州市拱墅区益仁社会工作服务中心于 2018 年 4 月在拱墅区民政局注册成立，是一家为成年残障人士提供专业服务的社会组织。它依托杭州启明星儿童康复中心（早期干预）19 年服务的专业团队经验，共同打造残障人士全生命周期服务系统。

杭州市拱墅区益仁社会工作服务中心引入的智力障碍者社区日间服务模式及评估体系，以拱墅区祥符街道明星工坊为实践基地，打造了国内第一家成人孤独症日间服务中心，并先后向全国 17 个地区推广、复制此服务模式。

2023 年，杭州市拱墅区益仁社会工作服务中心在《"十四五"残疾人保障和发展规划》政策及融合就业议题的推动下，开始为杭州市湖墅学校职高三年级的学生建立转衔安置服务模式，并同步开展职前准备系列课程。通过一年的职前技能培训，已成功转衔 2 名智力障碍者正式入职星巴克。

同时，杭州市拱墅区残联牵头，整合社会组织、特殊学校、企业资源（如星巴克、假日酒店等企业），建立四方联动的智力障碍"融合就业服务体系"。此次探索从就业服务窗口（原劳服窗口）开始，通过专业评估对学生进行专业分流（以能否就业为指标），按照评估结果将其转介至残疾人之家、明星工坊或企业，实现专业力量推动公益助残和残疾人高质量就业的多重效应。

为了使智力障碍学生在毕业（就业）阶段的前后服务能顺利接轨，获得整体及持续性的服务，杭州市拱墅区益仁社会工作服务中心以杭州市湖墅学校职高二年级、三年级的部分学生为服务对象，以机构合作的模式，帮助智力障碍学生获得职前技能培训，提升其自主生活能力，并为他们提供就业机会，让他们在社会中发挥自己的潜能。具体做法如下。

一、确认无缝转衔合作模式

机构间的协调合作是落实转衔服务功能的关键，因此需要强化相关单位、组织之间的互动协调机制。杭州市湖墅学校与杭州市拱墅区益仁社会工作服务中心于 2023 年发起了"勇往职前·点亮星途——心智障碍者职前准备行动计划"。

该计划的目标是让职高阶段的智力障碍学生在校期间即可获得专业的就业辅导资源，毕业后能顺利进入一般职场。该计划的参与者包括残联、民政、人力资源和社会保障等社会服务保障部门，以及学校、企业和家长。

杭州市拱墅区益仁社会工作服务中心在推出计划的同时组建了转衔工作小组，负责规划和安排计划中的各项事宜。学生除学习就业认知、就业情意和就业技能三门职前准备课程外，在职高二年级就能接触就业辅导资源，包括职场参观、体验、实习等，并在职高三年级通过就业辅导员的安排接触部分有酬的工作，在一般职场体验相关的职业活动（必要时可配合工作调整方案）。

在执行整个计划的过程中，家长应积极参与各项会议与活动，包括提供必要的支持，转衔工作小组也随时针对弱势家庭提供多项有助于学生后续发展的资源和专项训练。特殊教育教师与就业辅导员也因此有高频率的互动机会，从而建立起更合适的工作机制。

二、组建转衔服务工作团队

能否实现无缝转衔合作模式中机构间的协调合作，关键在于所有团队成员能否感受到其付出是有价值的，团队目标是否明确，每一位成员是否都能参与决策及感受到尊重并共同分担工作任务。因此，团队成员间的互动模式成为成功的关键。

组建转衔服务工作团队是一个复杂而细致的过程，涉及多个利益相关方的合作与协调。具体步骤如下。

（一）确定牵头机构

牵头机构通常是具有专业背景和资源的社会组织或政府部门。例如，广州市心友会心智障碍者服务协会就是一个致力于推动智力障碍青年就业的社会组织。此外，地方残联或残疾人就业指导部门也可以作为牵头机构，负责推动本地智力障碍者支持性就业服务体系的建设。

（二）组建跨学科团队

团队成员应包括具有社工、特教、心理学等职业背景的专业人员，以便更好地支持个案。例如，"翻转小屋"项目就是由海南师范大学教育学院特殊教育专业师生发起的，他们与海口市残联合作，共同为智力障碍者提供服务。

（三）明确合作伙伴的类型和要求

合作伙伴可以包括专业服务机构或残疾人就业培训机构、关注智力障碍者权益提升和倡导的社会组织、特殊教育学校或有针对智力障碍者特教班的普通职业教育学校，以及愿意为残障群体提供就业岗位的企业。

（四）协调各方资源和职责

专业服务机构或残疾人就业培训机构需要投入专职人员持续开展支持性就业工作，并接受和认同支持性就业理念。

社会组织负责动员智力障碍者家庭及其他利益相关方，保护智力障碍者的就业权和推动支持性就业理念的传播。

特殊教育学校或部分普通职业教育学校提供以真实就业为导向的职业教育，并配合项目收集用于实现项目目标所需的基线和调研信息。

企业提供实习/见习机会、岗位机会，以及开展与职业相关的公益活动。

（五）实施项目和评估效果

项目实施分为评估阶段、培训阶段和实习阶段，涉及对"心青年"学生和家长进行访谈、评估，设定培训目标，以及提供实习机会等。项目效果评估关注人与环境的良性互动、不同系统的协作支持，以及对"心青年"的充分赋权。

通过上述步骤，可以有效地组建一个转衔服务工作团队，并确保团队的顺利运作和项目的成功实施。

三、转衔服务工作团队的主要任务

转衔服务涉及多个方面的工作，凡可能涉及学生转衔前后的准备与适应相关者均为转衔服务工作团队的成员。其主要任务是协助智力障碍学生从学校顺利转衔至后续教育、就业训练或工作职场，具体任务如下。

（1）与他人合作：转衔需要以团队的方式开展工作，团队成员必须明白沟通的方法及如何与他人（如企业、社会公众、学生及家长等）合作。智力障碍学生是转衔服务的核心人物，应取得其家长的充分合作与支持。

（2）倡导与推动相关法律法规的传播：了解就业及其他相关的法律法规、最佳的执行方式、未来的发展趋势，并多与智力障碍学生、家长、团队成员和其他相关人员分享，维护学生的基本权益。

（3）制订与执行职业转衔计划：团队应以长期目标为着眼点，以学生毕业后的发展与适应为目标，谨慎规划逐年的阶段目标。团队成员应能掌握相关人员参与和进入的时机，扮演小组催化员的角色，根据学生的发展或改变情况适时修订职业转衔计划。

（4）评估及匹配工作机会：团队应能评估学生的学业与生活技能，了解就业安置及相关工作机会开拓的过程与方法，实现个人与就业机会之间的精准匹配。

（5）提供工作训练与支持服务：团队应能以不同的方式提供工作训练与支持服务，同时能较及时地为雇主提供必要的协助，并为学生选择合理的就业辅助或为其进行职务再设计。

本章小结

培智学校作为专门为智力障碍学生提供教育服务的机构，其职业转衔计划的制订与实施是促进学生从学校到社会、从学习到工作平稳过渡的关键环节。该计划旨在通过系统化的教育训练，提升学生的职业能力、社会适应能力和独立生活能力，为其未来的职业发展奠定坚实的基础。

课后练习

1. 职业转衔的一般能力评估包括哪些内容？

2. 职业转衔的职业能力评估包括哪些内容？

3. 简述如何拟定职业转衔目标。

4. 职业转衔计划制订与实施的关键步骤有哪些？

第三章　培智学校职业转衔课程体系的构建

《"十四五"特殊教育发展提升行动计划》中明确指出："着力发展以职业教育为主的高中阶段特殊教育，支持普通和普通高中接收残疾学生随班就读。"发展以职业教育为主的高中阶段特殊教育，是"十四五"特殊教育发展的一项重要工作，也是残疾学生从学校向社会平稳过渡的重要环节。培智学校作为基层特殊教育学校，以脑瘫、孤独症谱系障碍、情绪行为、发育迟缓等类型的学生为主，其职业教育阶段的教学目标、课程设置、人才培养方式需要结合这些学生的个人能力、行为特点、认知水平、思维特征、运动能力等进行针对性的设计，并且在教学中进行个别化的职业教育和职前辅导。因此，需要设计针对培智学校学生职业转衔的教育支持课程和职业指导课程。本章将根据培智学校学生的特点，对职高阶段的学生在转衔过程中的教育支持课程和职业指导课程进行系统化的设计，以实现学生毕业后步入职场的顺利过渡。

第一节　职业转衔的教育支持课程体系构建

培智学校职高阶段是为学生三年后走上工作岗位进行职业能力训练的教育阶段，在课程体系的构建上以全面支持学生的学习需求与职业转衔为目标。职业转衔的教育支持课程体系具体分为五大类课程，各类课程具有自身鲜明的特点。以下围绕教育支持课程体系的构建原则、具体设置和课程结构，介绍教育支持课程体系的构建。

一、教育支持课程体系的构建原则

（一）适用性原则

教育支持课程体系的构建应以实际劳动需求为基础，紧跟劳动市场的发展趋势，不断完善课程内容，以满足学生的实际需求。在设计课程时，应着重培养学生的实践能力和创新能力，确保学生所学的知识和技能能在实际工作中得到有效的应用。

（二）适应性原则

教育支持课程体系应具有足够的灵活性和科学性，能够同时注重体系的完整性和全面性，以满足不同地区、不同行业和不同受众的需求。在设计课程时，应考虑学生的个人兴趣、职业目标和发展方向，提供多样化的课程选择，以满足学生的个性化需求。

（三）职业生涯可持续发展原则

教育支持课程体系应关注学生的长期职业发展，注重培养学生的应用能力、学习能力和社交能力，以支持其终身学习和可持续发展。在设计课程时，应考虑学生的职业生涯规划和发展路径，为其提供必要的指导和支持。

（四）分级分层培养原则

教育支持课程体系应根据不同教育阶段和职业层次的要求，对学生的职业能力进行分级分层培养。在职高一年级注重学生基础知识和技能的培养，如生活自理能力的强化、生活适应能力的提升；在职高二年级注重学生社会适应能力和职业技能的学习；在职高三年级注重职业指导，为进入职场做好准备。学校或与学校合作的就业辅导机构将在学生毕业后半年到一年内，持续跟进学生的职业适应情况。分级分层培养目标一览表如表3-1所示。

表3-1　分级分层培养目标一览表

阶段	课程目标		
	训练重心	能力培养	职业教育内容
职高一年级	基础能力 强化训练	生活自理能力 体能训练	树立职业意识
职高二年级	社交训练 职业技能培养	社会适应能力 体能训练	明确职业兴趣
职高三年级	职业指导 职场规则训练	职业能力训练 体能训练	确立就业方向
毕业后半年内	就业跟进	遵守行为规范 理解职场规则	适应职场
毕业后一年内	就业跟进	各种真实工作场景的应对	独立适应职场

二、教育支持课程体系的具体设置

基于职高阶段针对学生能力制定的课程目标，职业转衔的教育支持课程体系应包括通识课程、社会适应课程、职业技能课程、综合康复课程、职业体验课程五大类课程。

（一）通识课程

由于目前特殊教育职高阶段没有统一的课程标准，因此各个学校职高阶段的课程设置会有所不同，最主要的区别就体现在对通识课程的设置上。主要有以下几种设置方式。

（1）基础课程的必修课分别是实用语文、实用数学、实用英语和信息技术等课程。在选修课上，开设语言沟通训练的选修课；根据个别学生的职业需求，开设职业英语的选修课。

（2）基础课程只设置生活语文和生活数学，主要结合生活常识选取语文和数学中的内容进行教学。课程内容包括义务教育阶段生活语文、生活数学的强化，并结合职业和岗位需求进行一定的深化，课程内容与职业的相关性更强。

（3）个别学校在职高阶段会以生活适应能力和社会适应能力课程为主，基础课程以实践课、班会课、主题课等形式开展，不再单独设置通识课程。

编者认为，在职高阶段的课程体系设置统一的国家标准之前，在以上模式中，培智学校可以根据职高阶段学生的实际能力和情况进行课程选择。同时，需要考虑职高阶段学生毕业后的去向，并结合学生的实际需要进行针对性的通识课程设计。

（二）社会适应课程

社会适应课程立足于人际和谐、人与社会和谐的现代理念，是关注培智学校学生生存与发展的人性化课程。课程内容包括生活适应能力训练、情感与交往能力发展、社区参与技能提升等模块。这些模块通过实践活动、模拟情境和角色扮演等多种形式，让学生在体验中学习，从而培养他们成为具有社会责任感和社会适应能力的现代公民。

（1）生活适应能力训练模块：教授与社会交往、社会规则相关的内容，注重引导学生了解和遵守社会规则，如交通规则、公共秩序等，并使其学会在社会中尊重他人。

（2）情感与交往能力发展模块：旨在帮助学生建立健康的人际关系，培养他们的同理心和合作精神。通过参与团队游戏、角色扮演等活动，学生学会了如何与他人沟通、分享和合作。这些技能在他们的日常生活中至关重要，不仅有助于他们融入社会，还能让他们在困难面前更加坚强和自信。

（3）社区参与技能提升模块：鼓励学生积极参与社区活动，了解社区环境，培养他们的社区责任感和公民意识。通过参与志愿服务、社区调查等活动，学生能够更深入地了解社会，感受社区文化的魅力。同时，他们还能将所学技能运用到实际生活中，为社区的发展贡献自己的力量。

（三）职业技能课程

职业技能课程的必修课涵盖面点制作、餐饮服务、客房服务和园艺等多个方面。这些课程内容的选择主要基于对培智学校学生的主客观需求进行深入分析，同时结合学校的专业设施、教师的专业水平和区域劳动力市场的需求等多个方面的因素综合考虑，并对每一门课程设置相应的课程目标（见表 3-2）。学生在主修一种专业的同时，在条件允许的情况下，还可以辅修另一种专业。这样的设置使学生在掌握一种专业技术的同时，还能够拓宽知识面，提升自己的综合素质。其中，主修专业的开设时间跨度为 2~3 个学年，这样的安排旨在让学生有足够的时间深入学习和掌握专业知识。

表 3-2　培智学校职高阶段职业技能课程和课程目标

职业面向	课程目标
咖啡师	培养认真负责的工作态度，培养耐心、想象力，锻炼动手能力
中西面点师	树立卫生意识，培养创造力，锻炼平衡力和专注力
收银员	树立诚信收款意识，提高生活数学能力、逻辑思维能力，锻炼社会交流能力
整理收纳师	培养细心观察的习惯，提高动手能力，锻炼生活自理能力、空间思维能力
洗车员	培养吃苦耐劳的品质，锻炼肢体协调能力，增强秩序感和自立意识
分拣员	锻炼手眼协调能力、记忆力，培养协作意识、秩序感
物流工	树立时间管理意识，培养社交能力，锻炼记忆力、反应能力及空间思维能力
装卸工	树立自我保护意识，锻炼肢体运动能力，提高专注力
宣传销售员	培养信心与胆量，锻炼社交能力、协作能力

注：培智学校需要在对学生的能力进行综合评估的基础上进行以上课程的设计，选择适合学生的职业技能，开设的职业技能课程包括但不限于上述内容。

（四）综合康复课程

在综合康复课程的实施过程中，要始终坚持"以人为本"的原则，尊重每位学生的独特性和差异性。为了更好地开发智力障碍学生的潜能，培智学校应引入多种创新的教学方法和手段。例如，通过游戏化教学，让学生在轻松愉快的氛围中学习新知识，提高学习兴趣和积极性；通过小组合作学习，培养学生的团队协作能力和沟通能力，提升他们的社会适应能力。

在弥补智力缺陷方面，注重培养学生的认知能力和思维能力。通过一系列的认知训练，帮助学生建立正确的认知模式，提高他们的思维能力和问题解决能力。同时，关注学生的情感需求，通过心理辅导和情绪管理训练，帮助他们建立健康的心理状态，提高情绪的稳定性。

在促进学生身心健康发展方面，注重培养学生的体育锻炼习惯和身体素质。通过定期的体育锻炼和户外活动，增强学生的体质和免疫力，预防疾病的发生。同时，关注学生的心理健康，通过心理健康教育和心理咨询，帮助学生树立健康的人生观和价值观，提高其自我认知和自我调节能力。

综合康复课程是一门全面、系统、个性化的教育课程，旨在帮助学生解决"怎么做一个健康的我"的问题，有利于学生提高生活质量，增强自身整体适应能力。

（五）职业体验课程

培智学校的职业体验课程是着眼于学生的能力与兴趣点，在职业技能课程之外开设的帮助学生了解职业的课程。职业体验课程为学生打开了一扇通往社会的窗，力求发掘和培养每位学生独特的才能与潜力。

在课程设置上，培智学校可以基于前期的学生需求调研和一般能力评估，开设具有自己学校特色的职业体验课程，用于有针对性地开设职业技能模块的课程，形成特色化的校本课程体系。图 3-1 所示为某培智学校职业课程体系树状图，该课程体系以职业体验课程为基础，衍生出一系列职业技能课程。

图 3-1 某培智学校职业课程体系树状图

需要注意的是，职业体验课程和职业技能课程有一定的相关性。在进行职业体验课程的设置时，需要结合本校学生的具体情况，有针对性地设置与开展适合学生的职业体验课程，构建不同主题的课程包，以增强学生的综合能力。

三、教育支持课程体系的课程结构

根据上述课程体系构建原则，培智学校职业转衔的教育支持课程体系应包含五个模块，以选修课和必修课的形式开设，为学生就业入职做好基本的能力支撑，如表 3-3 所示。

表 3-3 培智学校职业转衔的教育支持课程体系

课程类别	学科课程		活动课程	
	必修课	选修课	综合实践活动	兴趣选修活动
通识课程	生活语文	沟通表达		
	生活数学			
	信息技术			移动支付
社会适应课程	道德礼仪	用餐礼仪		汉服礼仪
	心理健康		心理团辅	
	居家与休闲			
	社会参与		社区服务	
	志愿服务			

续表

课程类别	学科课程		活动课程	
	必修课	选修课	综合实践活动	兴趣选修活动
职业技能课程	咖啡			
	面点			手工制作
	整理收纳			物品包扎
	洗车	插花		剪纸
	收银			
	理货			团体心理游戏
综合康复课程	体能训练			篮球
		个别心理辅导		
	音乐			
	舞蹈	语言沟通培训		韵律操
				绘画创作
				陶艺创作
				摄影、书法
职业体验课程			美食制作家	
			时尚艺术家	
			传统接班人	
			生活小能手	
			商品传接员	

注：以上课程只是示例说明职高阶段课程体系的结构，各所学校可根据自己的实际情况开设适合本校学生能力的课程。

第二节　职业转衔的职业指导课程体系构建

职业指导课程的教育目标与课程内容有所不同，学生选择的转衔目标也有所不同。国内外特殊教育的趋势皆以融合教育为导向，提供适当的支持与调整。基于融合教育的原则与目标，美国 2004 年修订的《残疾人教育法》规定，学生年满 16 岁（或 IEP 小组决定的更早年龄）时，学校必须依据符合学生适当年龄的转衔评价结果，在其 IEP 会议中制定训练、教育、就业、适当的独立生活技能等可评价的转衔目标，并提供达成目标的转衔服务。

为了使即将毕业的学生在毕业后有就业意愿，职业指导课程体系应在学生毕业前一年介入，进行完整的职前准备课程训练。课程介入的目标是提供培智学校学生专业能力之外的职前训练课程，帮助他们提早准备进入职场后的相关适应能力。

由于培智学校学生的认知水平和理解能力相对较差，因此在设置职业指导课程时，需要在传统的职业指导课程基础上进行简化，以走上岗位的最主要的能力训练为主，这与传统的学校课程标准和面向健全学生的职业指导课程有很大的区别。同时，应借鉴有转衔成功经验的相关机构设置的职业指导课程体系，尝试构建适合培智学校学生的职业指导课程体系。

一、职业指导课程体系的构建原则

职业指导课程针对学生职前的职业认知、就业意愿和职场认知三项元素进行设计，并使其贯穿整个课程体系。

（一）以职业认知为基础

在进行职业指导课程体系的构建时，首先要以学生对职业的基本认知为基础。通过职高阶段职业指导课程体系的培养，学生会掌握基本的社会适应能力和简单的职业技能。在进行职业指导课程体系的构建时，需要对职业进行具体化和场景化，尽可能还原真实场景，从职业领域引导学生进行自我认知。

（二）以就业意愿为方向

职业指导课程体系需要根据学生在就业意愿、就业情感、就业选择和就业倾向等维度呈现出的能力进行构建，帮助学生认识真实的职场、职场的基本要求、进入职场的过程和职场的生存法则等。由于培智学校的学生认知受限，无法理解过于深奥的职场规则，因此在课程设计中，需要注意将课程内容化繁为简，聚焦核心要素和要求，并进行反复强化。

（三）以职场认知为框架

职业转衔的职业指导课程需要引导学生对职场进行全面的了解和认知。职场和学校是完全不同的场景，同事和同学也是不一样的身份，学生服务面向的对象也是各种不同的人员，在无法预估的场景中工作、与没有定式的对象交往、应对各种服务状况的变化，这些对培智学校的学生来说难度远远大于技能掌握。因此，职业指导课程体系的构建需要着重解决学生对职场的认识、了解与接受问题。

二、职业指导课程体系的构建

（一）职业指导课程体系的框架

职业指导课程体系的框架分为职前准备、职场知识与求职技巧、职场礼仪和生活管理四大单元，如图 3-2 所示。

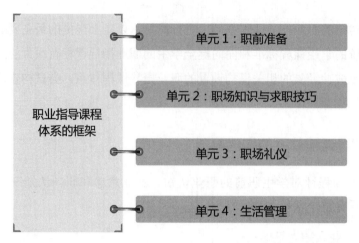

图 3-2 职业指导课程体系的框架

（二）职业指导课程体系的内容

1. 职前准备

该单元主要从自我探索、自我职业能力评估和团队合作三个方面认识自我。

（1）自我探索：让学生了解自己的特质、优劣势及对未来就业生活的期望。

（2）自我职业能力评估：帮助学生针对"自我探索"的内容，进一步分析自己的职业能力，使其对自己的职业能力有进一步的认识，确定职业发展的大致方向，作为未来课程选择的基础。

（3）团队合作：以任务的形式贯穿整个课程，通过直接的活动，让学生从中学习合作、沟通、妥协、负责任等职场必备的技能与态度。

2. 职场知识与求职技巧

职场知识与求职技巧包括了解职场、简历撰写和面试技巧三个方面。

（1）了解职场：让学生了解企业端的立场，作为就业准备的依据。

（2）简历撰写：依照学生所选的职业，结合意向企业的要求，帮助学生制作并完成个人简历。

（3）面试技巧：依照学生所选的职业，结合意向企业的要求，对学生进行面试技巧的传授。由于不同企业的要求不尽相同，因此面试技巧需要针对企业的实际情况开展课程设计与教学。

3. 职场礼仪

可以通过求职礼仪、面试礼仪和模拟面试深入了解职场礼仪。

（1）求职礼仪：让学生了解求职过程中必须知道的基本概念，避免在求职过程中受骗或遇到不公平的待遇。

（2）面试礼仪：面试前所有的准备工作，包含服装仪容、应答内容等。需要注意的是，有些特殊学生在仪容仪表上有些特殊的特征，短时间内难以改变，需要和企业方进行事先沟通，得到企业方的理解。

（3）模拟面试：利用模拟的情境，让学生表现到目前为止在本课程中学习到的能力。这是学生在进入职场前全面展示自己的机会。

4. 生活管理

可以从时间管理和薪资管理两个方面提升学生的生活管理能力。

（1）时间管理：着重考察学生是否能够依照事件或情境规划作息、安排优先级，如按时起床上班、按时下班，以及学生对工作事务和个人事务处理的规划等。

（2）薪资管理：帮助学生监控自己的收支，进行理财规划，合理使用自己的薪资，具备基本的金钱观，避免成为"月光族"，甚至入不敷出。

三、职业指导课程的基本教学要求

（一）师资安排

在职业指导课程中，要始终坚持小班化教学的原则，以确保每位学生都能得到充分的关注和指导。师生比例 2∶8 的设置保证了教师有足够的时间与精力进行细致的讲解，助教的存在也为学生提供了额外的帮助和支持。

在师资结构上，采用一个教师加一个助教的模式。其中，教师需要具备专业的特殊教育背景，能够根据学生的个性与能力进行职业指导课程的授课；助教处于辅助和协助的地位，需要搜集与职业指导课程相关的一些企业信息，如企业招聘会等，为教师提供教学辅助并整理教学资料。

（二）师资要求

教师应具备就业辅导、生涯辅导、特殊教育等专业资质。

首先，教师需要了解学生的基本特点，对所教课程有深入的理解和掌握，能够将复杂的概念和知识用简单易懂的方式传达给学生，使学生轻松理解和吸收。同时，能够根据学生的能力情况进行专项的就业辅导和生涯指导，以确保教学工作的顺利进行，并为学生提供最佳的学习体验。

其次，教师应具备良好的沟通能力和人际交往能力。教师应能够与学生建立良好的师生关系，了解学生的学习需求和困难，并提供有针对性的帮助和指导。同时，能够与家长保持密切沟通，及时反馈学生的学习情况，共同促进学生的成长。

再次，教师应具备创新思维和解决问题的能力。在教学过程中，教师应能够灵活运用各种教学方法和手段，激发学生的学习兴趣和积极性。同时，能够及时发现和解决学生在学习中遇到的问题，帮助学生克服学习障碍。

最后，教师应具备持续学习和自我提升的意识。教师应关注教育领域的最新动态和发展趋势，不断更新自己的教育理念和教学方法。通过参加专业培训、学术交流等活动，不断提升自己的专业素养和教学能力。

（三）教学模式

合适的教学模式有直接教学、分组合作、结合生态环境的实操课程。

（1）直接教学是一种明确、简洁、有序、迅速的教学模式，主要表现为教师直接、明确地传递教育意图。直接教学是教师采用直接告知、解释、说明、演示、示范等方法向学生明确传授知识、技能与价值观等的教学模式。这种教学模式以学习成绩为核心，强调在教师的指导下使用结构化的有序材料，分步骤明确呈现信息，提供强化和积极反馈，引导学生独立练习，逐步掌握知识和技能。

由于直接教学具备明确性、简洁性等特点，因此在教授社会观念、行为规范、约定俗成的规则、必需的社会知识或概念、与健康生活有关的安全和卫生等常识，以及某些技能，如工具、物品的使用等时，会更多地用到直接教学。

虽然直接教学的优势很多，但它主要借助语言讲解进行，不太符合特殊学生的学习特点。因此，教师在运用直接教学模式时，要特别注意直观性原则，并与间接教学模式相配合，以充分发挥其优势并弥补其局限性。

（2）分组合作是一种针对特殊学生，通过科学分组和精心设计的教学任务，引导学生以小组合作的方式完成学习任务，从而实现知识掌握、技能提升和社交能力培养的教学模式。该模式注重学生的个体差异，强调合作学习和个性化指导，旨在提高学生的学习效果和自信心，促进学生的全面发展。

（3）结合生态环境的实操课程是一种针对特殊学生的特殊教育模式，它以实践操作为核心，结合多媒体辅助和生活化教学，通过学生的亲身参与和教师的指导，使学生在实践中学习、体验、探索，从而提高他们的认知能力、操作能力和社交能力。

本章小结

培智学校职业转衔课程体系的构建充分考虑了学生的个体差异和特殊需求，强调个性化教学。培智学校应通过对每位学生的能力、兴趣、职业潜能进行详细评估，制订符合其个性化发展的课程计划，确保教育内容的针对性和实效性。构建的课程体系不仅涵盖职业技能培训，还融合生活自理、社交技能、心理辅导等多方面的教育内容，形成综合性的教学体系。这种融合有助于学生全面发展，提高其社会适应能力和独立生活能力。同时，在构建职业指导课程体系时，强调家庭、学校、社会三方的紧密合作。家长的支持与参与、社会资源的整合与利用，为学生提供了更广阔的学习和发展空间，有助于形成教育合力，共同促进学生的职业发展。

课后练习

1. 简述教育支持课程体系的构建原则。

2. 简述教育支持课程体系由哪几大模块构成。

3. 简述职业指导课程体系的构建原则。

4. 简述职业指导课程由哪几大单元构成。

第四章 培智学校职业转衔的教育支持课程实施

职高阶段的学生经过九年义务教育阶段的学习，已经具备基本的生活适应能力和社会适应能力。通过能力评估和基本考核进入职高阶段的学生，将逐渐从学校向社会过渡。此阶段需要继续强化其与职业相关的生活适应能力、社会适应能力，加强其体能训练（适应性体育），为学生进入下一个阶段的职业生涯打好基础。本章主要介绍培智学校职业转衔的教育支持课程实施，具体包括生活适应能力训练、社会适应能力训练和体能训练——适应性体育。

第一节 生活适应能力训练

职高阶段的学生经过九年义务教育阶段的学习，已经基本拥有了生活适应能力。此时，生活适应课程应以提高学生的独立生活能力为目的，旨在培养学生适应生活节奏、生活环境和生活场景的能力。

一、生活适应能力的概念

生活适应能力指的是在培智学校接受教育的学生，通过学习与实践，掌握日常生活中必需的基本技能与知识，以具备在生活中自我照顾、融入社会并参与各种社会活动的能力。这一能力不仅涉及个体的日常生活技能，还包括智力发展、情绪管理、自我认知等多方面的能力。

二、生活适应能力的特点

生活适应能力与日常生活息息相关，其特点不仅体现在学生个体技能的掌握上，更体现在他们如何将这些技能融入日常生活，养成稳定、健康的生活习惯上。

（1）个体差异性：特殊学生的生活适应能力存在显著的个体差异，不同的学生在学习能力、生理需求、社会适应等方面有不同的表现和需求。

（2）综合性：生活适应能力是一个综合性的概念，涵盖多个方面，如日常生活技能、社交能力、情绪管理能力等，这些能力之间相互关联、相互影响。

（3）实践性：生活适应能力的培养需要通过实践来实现，学生需要在真实的生活环境中进行学习和实践，只有这样才能有效提高其生活适应能力。

（4）持续性：生活适应能力的培养是一个持续的过程，随着年龄的增长和生活环境的变化，学生需要不断地学习新的生活技能、适应新的社会规则。

三、生活适应能力训练的内容

在培智学校中，生活适应能力的训练是教育的重要组成部分，旨在帮助学生提高独立生活、融入社会的能力。培智学校致力于提升学生的职业技能和生活适应能力，使其能够在未来融入社会，实现自我价值和独立生活。生活适应能力的训练包括独立生活、情绪管理、日常生活实践等方面，如表4-1所示。

表4-1　生活适应能力训练的内容

领域	次领域	具体内容
独立生活	自我照顾	着装、个人清洁、饮食、就寝
	居家生活	家事清洁、烹饪、智能设备使用、财物保管、物品采购、金钱管理、时间规划、家庭沟通、家庭责任
	健康与安全	健康习惯、疾病预防与应对、家庭急救常识、居家安全常识
	休闲娱乐	兴趣爱好、休闲活动安排与参与
情绪管理	情绪识别	学会识别各种情绪
	情绪表达	学会表达自己的情绪
	情绪控制	学会控制情绪的技巧和方法
日常生活实践	实践环节	通过实践强化上述能力

（一）独立生活

独立生活能力是培智学校生活适应能力训练的核心内容之一。培智学校将通过一系列课程和活动，教授学生掌握基本的生活技能。同时，还会根据学生的实际能力和需求，进行个性化指导和训练，以帮助他们提高生活自理能力。具体包括以下几项。

（1）自我照顾：涉及个人卫生（如着装、个人清洁）和生活习惯的养成（如饮食、就寝）。

（2）居家生活：涉及家务（如家事清洁、烹饪、智能设备使用）、生活管理（如财物保管、物品采购、金钱管理、时间规划）和家庭方面（如家庭沟通、家庭责任）。

（3）健康与安全：涉及基本安全意识和基本健康管理。基本安全意识要求学生能够识别和避免日常生活中的安全风险；基本健康管理要求学生了解基本的健康知识，能够进行自我健康保护，包括饮食、锻炼、休息等方面。

（4）休闲娱乐：鼓励学生参与基本的娱乐和休闲活动，保持身心健康。

（二）情绪管理

情绪管理训练旨在帮助学生学会情绪识别、情绪表达、情绪控制，保持情绪的稳定性。

（1）情绪识别：通过图片、视频等材料，帮助学生识别各种情绪，如喜、怒、哀、乐等。

（2）情绪表达：鼓励学生表达自己的情绪，引导他们用适当的方式表达情绪，如说话、绘画等。

（3）情绪控制：教授学生控制情绪的技巧和方法，如深呼吸、放松训练等，帮助他们在面对压力和挑战时保持冷静与乐观。

（三）日常生活实践

日常生活实践是培养学生生活适应能力的重要途径。

（1）个人卫生习惯培养：引导学生养成良好的个人卫生习惯，如刷牙、洗脸、洗澡等。

（2）饮食习惯培养：教育学生合理饮食，注意营养均衡，学会自己进食。

（3）生活习惯养成：培养学生保持生活的规律性，提高其自理能力，如自己穿衣、整理床铺等。

（4）安全意识教育：向学生传授安全知识，提高他们的安全意识，如防火、防溺水等。

四、生活适应能力训练的实施

培智学校生活适应能力的训练旨在帮助学生提高独立生活能力，融入社会。为了确保训练的有效实施，需要制定一系列教学实施策略。

（一）教学实施策略

1. 构建专业教学团队

（1）加强教师培训：定期对教师进行生活适应能力训练方面的专业培训，提高教师的专业素养和教学能力。

（2）教师交流分享：组织教师之间的交流分享活动，让他们分享成功的教学案例和经验，共同探讨教学中的问题和挑战。

（3）组建专业团队：组建生活适应能力训练专业团队，集中优势资源，共同研究教学策略和方法。

2．创设模拟训练情境

（1）模拟日常生活场景：在教室或实训室创设模拟的日常生活场景，如厨房、卫生间、超市等，让学生在模拟环境中进行实践训练。

（2）开展角色扮演活动：通过角色扮演活动，让学生模拟不同的社会角色，如售货员、公交司机等，培养他们的社交技能和职业素养。

（3）应用虚拟现实技术：应用虚拟现实技术，为学生创设更加逼真的训练场景，提高训练的趣味性和实效性。

3．结合多种训练方式

（1）集体教学：通过集体教学的方式，向学生传授生活适应能力的基本知识和技能。

（2）分组训练：根据学生的能力和兴趣进行分组训练，让学生在小组内互相学习和帮助。

（3）游戏化教学：采用游戏化的教学方法，让学生在轻松愉快的氛围中学习生活技能。

4．个训课辅助训练

（1）个性化评估：对每位学生进行个性化的评估，了解他们的实际能力和需求。

（2）制订个训计划：根据评估结果，为每位学生制订个性化的训练计划。

（3）个别辅导与指导：在个训课上，教师针对学生的具体问题进行个别辅导与指导，帮助他们克服困难、提高能力。

5．日常生活实践训练

（1）校内实践：在校内组织各种实践活动，如打扫卫生、烹饪比赛等，让学生在实践中提高生活适应能力。

（2）社区服务：组织学生参与社区服务活动，如为社区老人提供帮助、参与环保行动等，让学生在社区服务中培养社会责任感和生活适应能力。

（3）家庭实践：鼓励学生在家庭中进行实践训练，如独立完成家务、购物等，通过家庭实践巩固和提高生活适应能力。

6．家校合作巩固训练

（1）家校沟通：加强学校与家庭之间的沟通和联系，定期向家长反馈学生的学习情况和进步情况。

（2）家长培训：组织家长参与培训活动，加大家长对孩子生活适应能力训练的支持力度。

（3）家庭作业与反馈：为学生布置适当的家庭作业，并要求家长协助完成和反馈，以促进家校之间的有效合作和互动。

（二）教学实施过程

（1）确定活动目标，预估培训的效果。

（2）明确培训的重点与难点。

① 重点：本次培训要求掌握的技能点，一般以简单的步骤为主。

② 难点：对学生来说比较难的地方，在培训时需要反复或多次强调与讲解的点。

③ 学生个案分析：根据学生的学情有针对性地设计培训环节。

案例：分析不同类别学生的技能接受程度

学生一共××人，其中两人患脑瘫、四人患孤独症、两人患唐氏综合征，其他的都是智力障碍的学生。根据生活自理能力和生活经验将学生分为三类。A类（轻度）：这类学生有一定的观察能力和生活经验，在实际生活中知道什么时候要洗手；从认知的角度来讲，这类学生对教学内容能够接受，并可以按照指令完成。B类（中度）：这类学生知道手脏了要洗，但对其他的洗手场景了解得不完整；秩序感较差，对步骤顺序的记忆可能会有误差。C类（重度）：这类学生由于生理或行为习惯等原因不能完成这些复杂的培训活动，一般可以选择不参加。

（3）活动准备：准备教具、教案，营造环境等。

（4）活动过程：情景导入—技能的分步讲解—学生的实操练习—学会一项完整的技能。

（5）培训延伸：本次培训可以拓展、延伸的一些训练项目，或者可以开展的一些活动。

（6）培训反思：对本次培训的反思，还有哪些需要改进的地方。

① 反思本次培训的教学过程，如有没有改进和提升的空间。

② 反思学生的接受情况，如是否学会，如果没有学会则问题在哪里。

③ 反思教学设计的内容，如难易程度是否合适。

④ 反思教学材料的准备，如有无需要改进的地方。

五、生活适应能力训练的效果评估

评估学生的生活适应能力训练效果是确保教育质量和提高教学效果的重要环节。通过全面、系统的评估，可以及时了解学生在生活适应能力方面的进步和变化，为后续的教学提供有力的支持。

（一）行为变化观察

行为变化观察是评估学生生活适应能力训练效果的重要手段之一。通过观察学生在日常生活中的行为表现，可以了解他们是否能够在实践中运用所学的知识和技能，以及是否能够适应新的生活环境和挑战。

在评估学生的行为变化时，可以关注学生的独立生活能力，如是否能够独立完成日常任务、是否具有良好的时间管理能力等。同时，还可以观察学生的社交行为，如是否能够与他人建立良好的关系、是否能够恰当地表达自己的情感和需求等。通过行为变化观察，可以客观评估学生的生活适应能力是否有所提高。

（二）学习成果分析

学习成果分析是评估学生生活适应能力训练效果的另一个重要手段。通过分析学生的学习成果，可以了解他们在知识、技能和态度等方面的进步情况。

在评估学生的学习成果时，可以采用多种方法，如考试、作业、项目等。考试可以检测学生对所学知识的理解和掌握程度，作业和项目可以评估学生的实践能力与创新能力。此外，还可以采用问卷调查等方法，了解学生对所学知识和技能的理解与运用情况。通过学习成果分析，可以全面评估学生的生活适应能力训练效果。

（三）心理健康评估

心理健康评估是评估学生生活适应能力训练效果时不可忽视的一个方面。良好的心理健康状态有助于学生更好地适应生活和学习环境。

在评估学生的心理健康时，可以采用心理测试、面谈等方法。心理测试可以评估学生的情绪状态、人格特征等，面谈可以深入了解学生的心理状态和需求。通过心理健康评估，可以及时发现学生的心理问题并采取相应的干预措施，促进他们的健康成长。

（四）自我评价与反馈

自我评价与反馈是评估学生生活适应能力训练效果的重要参考。通过让学生对自己的学习过程和成果进行自我评价与反馈，可以了解他们的自我认知和自我提升能力。

在引导学生进行自我评价时，可以设计评价量表或问卷，让学生根据自己的实际情况填写。同时，还可以鼓励学生通过写反思日记等方式记录自己的学习过程和成长经历。通过自我评价与反馈，学生可以更加深入地了解自己的优点和不足，从而更有针对性地进行改进和提高。

（五）教师与家长评价

教师与家长评价是评估学生生活适应能力训练效果的重要补充。教师与家长是学生成长过程中的重要指导者和支持者，他们的评价可以为学生提供更加全面和客观的反馈。

教师可以通过观察学生在课堂上的表现、分析学生的学习成果等方式，评估学生的生活适应能力训练效果。家长可以通过观察学生在家庭中的表现、与学生沟通等方式，了解学生在生活适应能力方面的进步和变化。教师与家长的评价可以相互补充，以此形成对学生生活适应能力训练效果的全面评估。

附：生活适应能力训练的教案

生活适应教学活动设计

主题：朋友，你好   本课课题：组装置物架

学情分析				
姓名	障碍类型/程度	常态能力习惯	目标起点分析（根据学科或领域指标描述）	特殊教育需要分析	相关支持分析
小 A	智力四级	有一定的动手能力，能理解大部分的指令	可以尝试独立组装简单的日常物品	容易害羞，需要多鼓励	口语提示
小 B	智力三级	有一定的动手能力，能理解大部分的指令	可以尝试独立组装简单的日常物品	注意力容易分散	口语提示
小 C	智力四级	有一定的动手能力，能理解大部分的指令	可以尝试独立组装简单的日常物品	口齿不清，注意力容易分散	口语提示
小 D	智力三级	有一定的动手能力，能理解大部分的指令	在老师的口语提示下，可以尝试组装简单的日常物品，必要时需要老师的动作提示	视力较差，注意力容易分散	口语、动作提示
小 E	智力三级	有一定的动手能力，能理解大部分的指令	在老师的口语提示下，可以尝试组装简单的日常物品，必要时需要老师的动作提示	口齿不清，精细动作能力较差	口语、动作提示

续表

小 F	智力三级	有一定的动手能力，能理解大部分的指令	在老师的口语提示下，可以尝试组装简单的日常物品，必要时需要老师的动作提示	认知能力差，多以模仿为主	口语、动作提示
小 G	智力三级	动手能力较弱，能理解大部分的指令，需要老师从旁协助	在老师的动作提示下，可以尝试组装简单的日常物品	口齿不清，精细动作能力较差	口语、动作提示
小 H	智力三级	动手能力、指令理解能力较弱，需要老师从旁协助	在老师的动作提示下，可以尝试组装简单的日常物品	不说话，精细动作能力较差	助教辅助

教学分析

教材分析	置物架是常见的收纳整理工具。本课旨在通过实践操作，帮助学生习得生活技能，学会组装置物架，能够利用工具清洁环境，同时让学生逐步养成爱护环境的好习惯
课时安排	2 课时
教学联系（学科、领域等联系）	职业教育课程：货物整理 ↕ 运动保健：你好，亚运吉祥物 ↔ 生活适应：组装置物架 ↔ 生活数学：统计 ↕ 职业礼仪：传统美德小故事——明礼篇
教学重难点	重点： 1. 认识置物架的各个部件。 2. 学习组装置物架的四个步骤。 3. 能试着组装置物架。 难点：能试着组装置物架
教学资源	PPT、平板、板书、教具、学具

目标统整及教学支持

长期（三码）目标	短期（四码）目标	课时目标	小 A 目标	小 A 支持	小 B 目标	小 B 支持	小 C 目标	小 C 支持	小 D 目标	小 D 支持	小 E 目标	小 E 支持	小 F 目标	小 F 支持	小 G 目标	小 G 支持	小 H 目标	小 H 支持
使用工具	能使用简单的收纳整理工具进行操作	1. 能独立找出置物架对应的部件。	1	口语提示	1	口语提示	1	口语提示	2	口语提示	2	口语提示	2	口语提示	2	口语提示	3	助教辅助

续表

使用工具	能使用简单的收纳整理工具进行操作	2．能在口语提示下找出置物架对应的部件。 3．能找出和老师手中相同的部件	1	口语提示	1	口语提示	1	口语提示	2	口语提示	2	口语提示	2	口语提示	2	口语提示	3	助教辅助
		4．能独立说出置物架的组装步骤。 5．能在动作提示下说出置物架的组装步骤。 6．能跟着老师说一说或指一指置物架的组装步骤	4	口语提示	4	口语提示	4	口语提示	5	动作提示	5	动作提示	5	动作提示	5	动作提示	6	助教辅助
		7．能独立组装置物架。 8．能在同学的帮助下组装置物架。 9．能在组装置物架时帮忙递部件	7	口语提示	7	口语提示	7	口语提示	8	口语/动作提示	8	口语/动作提示	8	口语/动作提示	8	口语/动作提示	9	助教辅助

教学过程				
老师活动	学生活动	资源和支持	评价方式	设计意图
一、课题导入 创设环境——桌面摆放混乱，请学生思考可以用什么方法进行收纳整理，从而引出置物架，出示课题"组装置物架"	回答收纳整理桌面的方法	—	口语问答	培养学生利用已有经验解决问题的能力

续表

二、知识新授 （一）认一认——部件 1．认识部件 （1）老师讲解置物架的四个部件：底板、侧板、顶板、脚架。 （2）区分顶板和底板。	认识部件	实物、图片提示		认识部件，为后续组装打下基础
2．巩固练习 小游戏：听指令从学习框中找出对应部件。	听指令找部件	实物提示		
（二）学一学——步骤 1．学习步骤 （1）播放完整的组装置物架步骤视频，让学生知道有四个步骤。 （2）播放分步视频，老师分步骤讲解。	观看步骤视频	视频提示		分步骤讲解，让学生更容易理解
2．巩固练习 （1）说一说步骤。 （2）贴一贴步骤。				
（三）试一试——组装 1．初步尝试组装 （1）让学生尝试动手组装，老师观察学生的组装情况。 （2）老师示范，并着重讲解观察到的问题。	动手组装 跟着老师组装	口语、图片提示	口语问答	
2．再次尝试组装 （1）学生自己动手组装，老师巡回指导。 （2）请学生做小老师，指导同桌组装。	在老师的指导下动手组装	口语、动作提示	实践操作	多次尝试组装，在组装的过程中发现问题，解决问题
3．检查成品是否牢固 （1）讲解检查标准。 （2）检查成品。	检查成品			设置成品检查标准
4．小组竞赛 每组选出一名代表上台比赛		口语提示		利用比赛，激发学生的学习兴趣
三、评价总结 对照评价表，对学生和小组进行评价	—	—	—	让学生了解自己在这堂课中的表现

板书设计	组装置物架

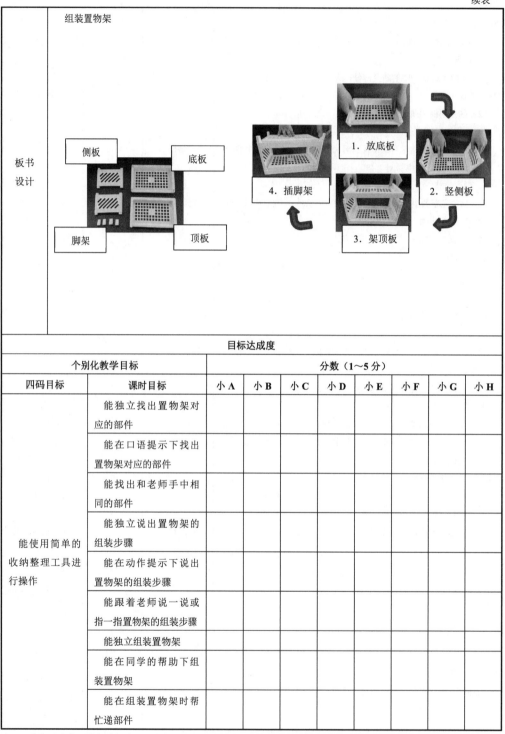

目标达成度										
个别化教学目标		分数（1～5分）								
四码目标	课时目标	小A	小B	小C	小D	小E	小F	小G	小H
能使用简单的收纳整理工具进行操作	能独立找出置物架对应的部件								
	能在口语提示下找出置物架对应的部件								
	能找出和老师手中相同的部件								
	能独立说出置物架的组装步骤								
	能在动作提示下说出置物架的组装步骤								
	能跟着老师说一说或指一指置物架的组装步骤								
	能独立组装置物架								
	能在同学的帮助下组装置物架								
	能在组装置物架时帮忙递部件								

注：1分表示完全不具备该能力，2分表示发展出一点能力，3分表示发展出基本能力，4分表示发展出大部分能力，5分表示完全具备该能力。

第二节　社会适应能力训练

在人的成长过程中，社会化是最重要的进程。从出生到成年前，这一阶段是一个以适应社会为主的过程。而学校本身也是社会的一种重要组织形式，学校即社会，因此学校阶段也是培养一个人社会适应能力的重要阶段。培智学校的学生伴随着不同程度的社会适应困难，因此对基于生涯发展观的学校转衔教育来说，社会适应能力的训练是必不可少的组成部分。

一、社会适应能力的概念

在特殊教育领域，社会适应能力的概念包括广义和狭义两个方面。广义上把社会适应能力等同于适应行为。最早对社会适应能力进行系统化定义的是 Doll（1953），他认为社会适应能力是指人类有机体保持个体的独立性和承担社会责任的机能。而狭义上的社会适应能力则是指人际交往或社会性技能。

2002 年，美国智力障碍协会（AAMD）提出适应行为应包括三项内容：一是概念性技能，包括语言的理解和表达、钱的概念、自我定向等；二是社会性技能，包括处理人际关系、责任心、自尊、遵守规则、服从法律、自我保护等；三是实践性技能，包括个人日常生活技能（如吃饭、穿衣、大小便、做家务、使用交通工具等）和职业技能。从这一界定中可以看出，AAMD 将社会性技能视为适应行为的重要组成部分，这部分技能也就是狭义上的社会适应能力。

我国学者韦小满等人（2004）认为，社会适应能力是指个体为了满足社会环境的要求而逐渐学会独立地掌握社会规范、正确地处理人际关系、学会自我控制与调节，从而有效地适应社会生活的能力。

二、社会适应能力的特点

现有研究表明，智力障碍群体的社会适应能力发展具有以下三个特点。首先，智力的发展水平对社会适应能力的发展存在影响，智力障碍群体的适应水平明显低于同龄普通人的发展水平，且智力障碍程度越高，其适应水平就越低。其次，智力障碍群体社会适应能力的发展趋势与普通人相同，即随着年龄的增长而提高，但达到一定年龄之后就会趋于稳定。最后，智力障碍群体的社会适应能力发展存在不平衡性。陈云英等人（2005）的研究显示，智力障碍群体在具体、形象、与日常生活有密切联系的项目（如拼图、理解等）上表现得相对较好，而在抽象思维能力项目（如算术、认知功能等）上则表现得极差。岳琪（2011）的研究发现，培智学校学生的社会适应能力内部发展不平衡，其中家庭适应能力和学校适应能力较社区适应能力与社会适应能力发展得更好。

三、社会适应能力训练的内容

《教育强国建设规划纲要（2024—2035年）》中提出："支持人口20万以上县（市、区、旗）办好一所达到标准的特殊教育学校，鼓励有条件的地区建设十五年一贯制特殊教育学校。加强专门学校建设和专门教育工作。"《"十四五"特殊教育发展提升行动计划》中提出："推动特殊教育学校增设职教部（班），鼓励普通中等职业学校增设特教部（班），到2025年实现每个市（地、州、盟）和有条件的县（市、区、旗）都有一个残疾人中等职教部（班），在每个省（自治区、直辖市）至少办好一所残疾人中等职业学校和盲、聋高中（部）。"在国家相关政策的推动下，近年来越来越多的培智学校开设了职高部（班），但目前尚缺乏统一的课程体系和课程标准，多数学校以实施校本课程为主。例如，北京市朝阳区安华学校构建了职高三段式的课程结构，包括通识教育课程、专业技能课程和岗位实习课程。其中，通识教育又包括居家生活、社区生活、休闲生活、职业生活、功能性知识五个分领域。也有学者提出应构建功能学科课程、教育康复课程、职业教育课程相结合的课程体系，以促进智力障碍学生的全面发展，尤其是职业能力的发展。

职高是培智学校学生从学校生活进入社会生活，尤其是职业生活的重要转衔阶段，因此社会适应能力训练应贯穿于职高的课程体系中。例如，通识课程、功能性课程及教育康复课程应注重对学生社会适应能力的培养，在岗位实习或其他社会实践活动中应有机地融入针对社会适应能力的实践锻炼。但是，目前培智学校在职高阶段尚缺乏统一的社会适应相关课程体系及课程标准，社会适应能力训练缺乏系统性和实效性。

在职高这一重要的转衔阶段，培智学校的学生主要面临以下四项转变内容。

（1）主体的变化：即将年满18岁进入成年期，要开始自主生活、自主就业、自主社交。

（2）环境的变化：包括居家生活环境、社区环境和就业环境的变化。

（3）活动的变化：包括居家生活和职业生涯的变化。

（4）人际关系的变化：包括家庭人际关系、工作单位人际关系、社区邻里人际关系的变化。

职高阶段社会适应能力训练的主要内容应聚焦以上转变内容，以支持学生顺利由学校生活转衔到社会生活，尤其是职业生活。

立足智力障碍学生的发展需求，基于职高阶段学生面临的四项转变内容，结合AAMD 对智力障碍 10 项适应技能的规定（沟通、自我照顾、居家生活、社会技能、社区应用、自我管理、健康与安全、学习功能、休闲和工作），以及智力障碍学生适应性功能教育课程实践和培智学校毕业生离校转衔课程指标体系的研究结果，编者总结了培智学校职高阶段社会适应能力训练的领域和具体内容，如表 4-2 所示。

表 4-2 培智学校职高阶段社会适应能力训练的领域和具体内容

领域	次领域	具体内容
社区生活	认识社区	地理位置、基础设施、社区功能
	熟悉社区服务	超市、水果店、餐饮店、药店、快递站、社区医院、理发店、银行、街道办事处、派出所等
	参加社区活动	1. 认识社区活动项目。 2. 利用社区活动场地和资源。 3. 遵守社区活动规范。 4. 维护社区公共卫生及资源。 5. 维持社区人际关系
社会融合	功能性沟通	沟通动机、非语言沟通、语言理解、语言表达、语言运用
	社交技能	仪容仪表、礼貌用语、社交礼仪、建立友谊、互助合作、网络交往、活动参与
	使用交通工具	交通工具使用、出行路线规划、独立出行
	社会规范	1. 调控自我情绪和行为。 2. 遵守社会规范。 3. 遵守公共场所管理的规章制度
	法律意识	1. 了解法纪的作用。 2. 遵纪守法。 3. 保障自我权益

四、社会适应能力训练的实施

培智学校在实施社会适应能力训练时，应以学校教育为主体，同时积极开发家庭和社会资源，形成支持系统。

（一）实施方式

培智学校应以课程为载体，通过一般性课程（如生活语文、生活数学、生活适应、劳动技能等）和自主开发的校本课程，实施社会适应能力训练。由于本书聚焦的是职高阶段的转衔服务，因此以下重点介绍职高阶段社会适应能力训练的实施。

职高阶段社会适应能力的训练应与义务教育阶段保持贯通，在设计课程内容与目标体系时应体现层层递进、螺旋上升的趋势，并以与职业转衔相关的社会适应能力为重点。除"职业生活"领域本身外，还应在其他领域找到关联点，为学生的职业生活奠定知识和能力基础。以下就"社会融合"领域的"使用交通工具"为例进行说明（见表 4-3）。

表 4-3　义务教育阶段的"生活适应"与职高阶段的"使用交通工具"课程目标的对比

义务教育阶段的"生活适应"（五年级下）		职高阶段的"使用交通工具"	
课题	目标体系	领域	目标体系
安全出行——步行	1. 遵守步行的交通规则。 2. 认识常见的交通标志	社会融合——使用交通工具	1. 会使用一般交通工具，如地铁、出租车、网约车、共享单车、巴士、高铁、飞机等。 2. 认识交通工具内的相关标志并遵守标志的指示与要求。 3. 能够根据出行地点（如工作地点）合理规划出行路线。 4. 会使用智能手机的导航系统指引出行路线。 5. 能够独立完成出行（上下班出行）。 6. 能够保障自身的出行安全
安全出行——乘坐公交车	1. 掌握乘坐公交车的步骤。 2. 遵守乘坐公交车的安全要求。 3. 认识公交车内的相关标志。 4. 遵守标志的指示与要求		

从表 4-3 中可以看出，培智学校职高阶段"使用交通工具"领域的目标体系在义务教育阶段"生活适应"（五年级下）相应课题的目标体系基础上进行了难度提升，并融入了职业生涯所必需的知识与能力要求。因此，在课程设计上也需要进行以下深化。

第一，开发环境生态课程，采用任务型教学模式。环境生态课程是指将学生置于日常常态生活（着重指学生的家庭、学校、社区、职业）环境中，依其能力水平及适应现状，以适应未来常态生活环境为导向，使其充分了解并利用生活环境，为促进其能力发展而提供的符合其教育需求服务的个别化教育课程，从而达到学生发展需要和社会需要的统一。环境生态课程注重对学生的生活环境进行详尽分析，课程内容应包含综合性的知识和技能学习，并与学生的生活环境密切联系，以促进其知识和技能在日常生活中的迁移与运用。

基于环境生态课程的观点，可以对学生所处的生活环境或工作环境进行分析，通过源于学生真实环境的活动来设计教学任务，在具体的教学任务中整合相关知识、技能、情感态度和价值观目标。同时，结合任务分析的方法，对教学任务进行细分，构建个别化教学目标体系。例如，在"使用交通工具"领域设计"独立上班"的教学任务（见表 4-4），之后进行任务分析。

表4-4　"独立上班"的任务分析

"独立上班"的任务分析	特别说明
1. 知道工作（实习）单位的地址、周边环境。	1. 任务分析是个别化的，应根据学生所处环境的需求、学生的能力基础和经验确定分解步骤。如果学生在哪一步有困难，就把这一步再细分。
2. 规划从家到工作（实习）单位的出行路线。	
3. 从家到公共交通站点。	
4. 乘坐交通工具。	2. 根据任务分析的步骤，构建个别化教学目标
5. 换乘交通工具。	体系。
6. 从公共交通站点到工作（实习）单位	3. 必须配合讲解、提示等方法来实施教学

在实施教学的过程中，应采用任务型教学模式，首先创设任务教学情境，然后按照任务分析的步骤开展正向链接或反向链接的教学。除校内学习外，还需要结合家庭、社会（如实习单位）的协助，提供生态化的实施场所，将课堂学习与实践锻炼相结合，真正实现学生的知识和技能在日常生活中的迁移与运用。

第二，根据学生的最佳学习通道，综合运用各类教学方法和支持辅助策略，调动学生的学习积极性，使其由被动学习转为主动学习。

首先，充分了解学生的最佳学习通道，如视觉学习、听觉学习、动觉学习或几种学习的综合，采用合适的教学策略和支持辅助工具等。例如，对于孤独症学生可以采用视觉支持策略。视觉支持策略是指综合运用各种视觉支持工具帮助学生了解环境特点、理解时间顺序、紧跟日常活动的系统方法。这一策略可引导孤独症学生遵守规则、增加适当的社交行为、学会生活技能等。例如，对"乘坐地铁"进行任务分析后，教师可以将各步骤以文字或图片的形式制作出视觉流程图，再配合讲解和现场示范等方法进行教学。此外，还可以通过动画视频的视觉支持形式进行视频示范。不同的视觉支持工具可以用来发展学生的不同能力，如视觉日程表可以帮助学生理解活动的安排和完成活动的转换；环境组织图可以帮助学生认识和适应新的生活环境与工作环境；行为导图可以帮助学生理解和遵守社会行为规范与工作规范等。

其次，设计辅助或提示的层级。在实施教学的过程中，教师需要运用各种辅助或提示策略帮助学生学习新的技能或行为，并预先设计好提示的层级，最终实现提示的撤销。当学生学习新技能时，教师提示的层级应从最多到最少提示（如全肢体—半肢体—示范—口语提示）；当学生独立展示新技能时，教师提示的层级应从最少到最多提示。此外，还可以采用时间延宕策略，也就是等一等再提示，不断延长等待的时间，直到学生能够独立表现出新的技能或行为。

最后，形成家庭、社会支持系统。著名心理学家布朗芬布伦纳（1979）提出了生态系统理论，他认为个体是在一个复杂的关系系统中发展着的，而这个系统受多层外界环境的影响。他还将这个系统分为微观系统、中观系统、宏观系统。在实施社会适应能力训练时，围绕学生的发展需要，课程本身涵盖的要素构成了微观系统；而外部支持环境，如学校、家庭、社区的支持构成了中观系统；社会政策、文化和观念等构成了宏观系统。

前文已经提及，对职高阶段的学生进行社会适应能力训练，学校主要可以开发环境生态课程，使所教内容源于学生所处生活环境、工作环境的真实活动，将校内学习和生态环境下的实践锻炼相结合。因此，在中观系统中，需要充分调动家庭、社区中可利用的资源，为学生提供人员、场地、专业指导等方面的支持。在宏观系统中，需要推动智力障碍学生职业转衔相关政策的制定与完善，加大社会宣传力度，促进社会融合，争取更多的社会机构、企业共同构建支持性就业系统，真正实现智力障碍学生生活质量的提升。

（二）社会适应能力训练的方法与流程

社会适应能力训练所采用的方法，按实施次序的先后分别为：示范（对某种社会交往的应对方式进行示范）、角色扮演（让学生扮演示范情景中的角色）、反馈（对学生的角色扮演进行评述）、指导（做出明确和详尽的评论以指导学生改进）、课外作业（布置下一次训练课程前需要完成的作业）、社会性强化（收集旁观者对学生表演的肯定性反馈）。

社会适应能力训练的流程如下：第一个阶段——训练一般性社交技能，如基本语言；第二个阶段——进一步训练基本语言和口语表达；第三个阶段——训练简单问候、简短对话及告别；第四个阶段——训练较长时间对话，包括自我表达和赞扬别人；第五个阶段——训练加入和离开小组，以及在小组内交谈；第六个阶段——继续做第一到第五个阶段的练习，训练与人交流、对职业的认知、对行为的坚定自信、面谈工作等。以上流程只是作为实际教学工作的参考，在应用时可按学生的需要及可利用的资源条件进行修改。

附：社会适应能力训练的教案

社会适应教学活动设计

主题名称		沟通之说的技巧		授课班级	高二（2）班	
授课时间			教案序号		授课教师	王老师
课时目标	A组	1. 理解什么是沟通。 2. 了解沟通分为语言沟通和非语言沟通。 3. 理解说的技巧。 4. 能基本按要求将说的技巧运用于生活实践				

续表

课时目标	B组	1. 知道可通过口头、肢体、眼神等来进行沟通。 2. 能根据情景判断对应的说的技巧。 3. 在实际生活中，能在少量口语提示下运用说的技巧
	C组	1. 能结合图示了解人可通过口头、肢体、眼神等来进行沟通。 2. 能在较多口语提示下判断一些说的行为是否正确。 3. 能在较多口语提示下尝试在实际生活中运用一些说的技巧
教学重点		1. 能了解沟通可以通过口头、肢体、眼神等进行。 2. 能在不同程度的支持下掌握一些说的技巧，并将其运用于实际生活
教学难点		能在不同程度的支持下，根据实际生活情景对说的技巧进行正确的运用
教学准备		PPT
教学过程		

一、提问

1. 什么是沟通？请学生根据自己的理解说一说。

结合学生的回答引出沟通的概念：沟通是人们分享信息、思想和情感的过程。这种过程不仅包含口头语言和书面语言，还包含肢体语言、个人的习气和方式、物质环境。（老师用通俗的话对概念进行解释。）

2. 你会沟通吗？你在什么时候会与人沟通？

老师演示几种沟通的方式：说话（表达自己的想法）、摇头（表示拒绝）、眼神（盯着某位课堂上分神的同学看，以此作为提醒）。（对于老师演示的三种沟通方式，可以让不同层次的学生说一说老师具体所要表达的意思。）

在日常生活和职场中都需要沟通，但沟通有一定的技巧，不能随心所欲地说，因此我们需要学一学说的技巧。（老师引出主题——沟通之说的技巧。）

二、讲授

说话是一门艺术，更是一门学问。会说话的人，成功路上就少了几块绊脚石；而不会说话的人，就给自己筑起了一道道围墙。（结合实际生活中的例子解释，便于学生理解。）

逐条介绍说的技巧，并穿插一些情景判断，便于学生更好地理解说的技巧。

1. 急事，慢慢地说。

遇到急事，如果能沉下心思考，不急不躁地把事情说清楚，就会给听者留下稳重、不冲动的印象，从而提升他人对你的信任度。

情景判断：

一位同学在楼梯上摔伤了，这时你应该怎样告诉老师？请你说一说。（请A、B、C组的学生说一说。）

回答范例：老师，××同学在楼梯上摔倒了，好像伤到脚了，麻烦您去看一下。

2. 小事，幽默地说。

尤其是一些善意的提醒，用玩笑话讲出来，就不会让听者感觉生硬。这样不仅能使听者欣然接受你的提醒，还会提升彼此间的亲密感。

情景判断：

你发现你的好朋友总是上完厕所不洗手，你会怎么跟他说？（请A、B组的学生说一说。）

回答范例1：××，上完厕所一定要洗手，不然你就变成"邋遢鬼"了。（请C组的学生跟着范例说一说。）

回答范例2：××，上完厕所要记得洗手，否则我都不敢碰你的手了。

3. 没把握的事，谨慎地说。

对那些自己没把握的事，可以再三确认后回答。（强调工作中对于自己不确定、没有听清楚的要求等，一定要再三确认，问一问再说。）

情景判断：

在实习期间，有顾客问你今天有没有西瓜汁，但你不是很确定，这时你会怎么说？（请 A 组的学生说一说。）

回答范例：不好意思，我确认一下到底有没有再告诉您，请稍等！

4. 没发生的事，不要胡说。

人们最讨厌无事生非的人，如果你从不随便臆测或胡说没发生的事，就会让人觉得你为人成熟、有修养，是一个做事认真、有责任感的人。

情景判断：

小陈之前有偷同学文具的前科，今天小兰新买的铅笔不见了，你直接判断这是小陈偷的，这样对吗？为什么？（请 B 组的学生说一说。）

回答范例：不对，除非自己亲眼看到小陈偷了小兰的铅笔，否则我不能因为他有前科就不经调查直接判断是他偷的，这样只会让人认为我不成熟、很冲动。

5. 做不到的事，别乱说。

不轻易承诺自己做不到的事，这样会让人觉得你是一个"言必信，行必果"的人，从而愿意相信你。

情景判断：

你之前没有学过超市收银，今天超市很忙，没有人帮顾客收银。顾客找来，你对顾客说，我来帮你收银吧。这样对吗？为什么？（请 A、B 组的学生说一说。）

回答范例：不对，对于自己不会的、没有把握的事情不要随意答应或许诺别人，否则做不好会给别人留下不好的印象。

6. 伤害人的事，不能说。

不能轻易用语言伤害别人，尤其对较为亲近的人，不说伤害人的话。常说善言会让人觉得你是一个善良的人，有助于维系和增进感情。

情景判断：

今天放学时，你看到小海在一辆快递车旁边转悠，第二天你就跟另一位同学说，昨天小海在偷快递车上的东西。这样对吗？为什么？（请 B、C 组的学生说一说。）

回答范例：不对，自己没有亲眼看到小海偷东西就乱说，属于诬陷，这样会伤害到小海，让大家误会小海是小偷，伤了同学感情。

7. 伤心的事，不要见人就说。

人在伤心时会有倾诉的欲望，但如果见人就说，很容易使听者心理压力过大，反而与你疏远。同时，还会给人留下不为他人着想，想把痛苦转嫁给他人的印象。

情景判断：

有一次，你被同事冤枉偷东西，这件事情让你很伤心。于是，你每看到一位同事都要说一遍这件事情，你觉得这样合适吗？（请 B、C 组的学生说一说。）

回答范例：虽然被人冤枉心里很难受，但是没有必要让所有同事都来同情自己，进而讨厌冤枉自己的同事。只要大家都相信我没有偷东西就可以了，没有必要和别人一个个说一遍。

8. 别人的事，小心地说。

人与人之间需要保持安全距离，不能轻易评论和传播别人的事，要给人交往的安全感。

情景判断：

小青家里的条件不好，但是你今天看到他穿了一双新款的球鞋，你就跟同学说，小青这么不懂事，家里条件不好还买这么贵的鞋。这样对吗？（请 A、B 组的学生说一说。）

回答范例：小青家境不好，是否有条件买得起新球鞋，这件事与我无关。另外，我也不确定这鞋是不是亲朋好友送给小青的。所以，我不能随意猜测并到处说，管好自己，别人的事情不乱说。

9. 自己的事，听别人怎么说。

自己的事要多听听局外人的看法，这样一则可以给人留下谦虚的印象，二则会让人觉得你是一个明事理的人。

情景判断：

你接到了一项新的工作任务——打扫主管的办公室，但是你不知道自己打扫得干不干净，这时你可以怎样获得答案？（请A、B组的学生说一说。）

回答范例：请来与自己一起工作的伙伴，让他们帮我看看自己打扫得是否干净。如果有不干净、不到位的地方，就要及时改进。

三、复习巩固

说的技巧：

1. 急事，慢慢地说。

2. 小事，幽默地说。

3. 没把握的事，谨慎地说。

4. 没发生的事，不要胡说。

5. 做不到的事，别乱说。

6. 伤害人的事，不能说。

7. 伤心的事，不要见人就说。

8. 别人的事，小心地说。

9. 自己的事，听别人怎么说。

四、作业

A组：

1. 请熟读说的技巧三遍。

2. 让学生举例说一说其中两种说的技巧。

B组：

1. 请熟读说的技巧五遍。

2. 请家长出示两种情景，让孩子判断说得是否合适，并尝试说说原因。

C组：

1. 跟着家长读一读说的技巧三遍。

2. 请家长举一些实际生活中的例子，让孩子对说的技巧有一定的掌握

第三节　体能训练——适应性体育

　　培智学校职高阶段的学生毕业后即将面临进入职场的人生阶段，健康的身体、良好的体魄是其进入职场就业的基础。在企业的招聘岗位中，很多适合培智学校学生的岗位都需要一定的体能基础。因此，针对即将走上工作岗位的学生进行一些与岗位和职业需要相关的体能训练，是非常必要和重要的。针对职高阶段的学生，可以根据其兴趣爱好、职业规划和未来的职业发展能力制订多样化的体育计划，并通过适应性体育活动的训练，提高学生的身体素质、完善其人格、增强其社会适应能力，使他们从

生理和心理上具备融入社会的能力。

一、适应性体育的概念与内容

（一）适应性体育的概念

适应性体育（Adapted Physical Activity）源于国外的残疾人体育和康复医学，是指有特殊适应需要的人为了达到个体与环境的最佳适应状态而进行的身体活动。适应性体育属于个别化教育计划中的一个板块，在制订个别化教育计划时，需要将适应性体育教育纳入其中。

在职业转衔的过程中，将适应性体育融入转衔课程是支持学生能力发展的重要环节。根据 Kohler（1996）的转衔方案核心要素，学生的能力发展主要分为生活技能课程、就业技能课程、生涯与职业课程三个方面。良好的运动能力是发展生活技能和就业技能的基础。

（二）适应性体育的内容

对于转衔阶段的学生而言，工具性日常生活活动能力是其今后融入社会、开启职业生涯的必备技能。智力障碍学生由于能力受限，因此大多从事以中等程度的体力劳动为主的工作。一些服务类的工作需要站立提供服务 6～8 小时，一些手工类的工作需要肢体（上肢）较长时间完成固定的操作，这些都需要有相应的体力。适应性体育是针对学生体能的针对性训练，能够帮助他们承受职场的工作强度。通过对智力障碍学生主要生活场景和工作场景的分析，可以得出以下几大类训练内容。

（1）与肌肉和运动有关的感觉、随意运动训练：与运动有关的感觉发育（如本体感觉、前庭觉、听觉等）是运动发育的基础，但智力障碍学生普遍存在感觉障碍，在运动信息输入及运动辅助系统中出现的问题会导致其运动发育受到影响。各类随意运动的发育是粗大运动、精细运动等基础性动作的基础，随意运动的神经中枢位于大脑皮质运动区，属于在大脑支配下调动外周运动系统的高级功能。但智力障碍学生的大脑发育存在障碍，势必会影响随意运动的发育，致使身体在做各类受意识控制的运动时无法像正常学生一样协调。

（2）肌肉力量、耐力训练：肌肉力量是指人体在中枢神经系统的调控下使用身体某一肌群进行收缩并完成动作产出的绝对最大力量，与神经调控能力和肌肉的横截面积有关；肌肉耐力是指肌肉反复进行收缩的次数，与肌肉受训练的水平有关。从外部因素分析，智力障碍学生通常会被过度保护并被包办各类事项，导致其肌肉力量和耐力没有得到有效训练。肌肉力量和耐力除随着年龄增加会生理性发育外，还会"用进废退"。因此，如果没有开展有效的体育活动或劳动活动，智力障碍学生的肌肉力量和耐力就会低于同龄人。从内部因素分析，因认知水平有限，智力障碍学生普遍缺乏运动兴趣及运动动机，致使他们从自身的角度也不愿参与运动，因此其肌肉工作的动力系统发育就会受到阻碍，严重影响就业技能的培养和发展。

（3）骨骼和关节的活动能力与稳定功能训练：关节活动能力与稳定功能障碍可能与长期不良体态及因被过度保护导致缺乏运动有关。稳定性训练和核心训练有利于体能的提升。

（4）运动耐受功能训练：因整体运动能力不佳导致运动承受的强度、时间等都受限，会进一步降低智力障碍学生的运动兴趣与动机，因此需要增加运动耐受功能训练。

为了更好地支持智力障碍学生融入社会、劳动就业，在转衔阶段可以进行如下适应性体育课程的开发及设计，如表 4-5 所示。

表 4-5　适应性体育课程开发及设计一览表

劳动技能	与肌肉和运动有关的感觉、随意运动训练	肌肉力量、耐力训练	骨骼和关节的活动能力与稳定功能训练	运动耐受功能训练
外出	社区内定向行走训练	校内慢跑训练	静力性肌肉力量训练	各类课程持续进行
家务劳动	擦洗类劳动训练	接收快递训练	收纳类劳动训练	
食物烹饪	择菜、洗菜训练	颠锅、和面训练	西点制作训练	
上街采购	前往目的地训练	拎物品训练	挑选指定商品训练	

二、适应性体育训练的实施

目前，智力障碍学生的就业岗位主要有餐厅（咖啡厅）服务员、店铺收银员、零配件加工工人、洗车员等。这类岗位以体力劳动为主，因此离不开运动能力的支持。下面以绍兴市越城区育才学校"喜憨儿洗车中心"的岗位"社区洗车员"为例（见图 4-1），对洗车工作的步骤进行分解，并描述该校在转衔阶段设置的针对性的适应性体育的内容，以保障智力障碍学生的运动能力可以支持这一岗位。

图 4-1　绍兴市越城区育才学校"喜憨儿洗车中心"

（一）以洗车为例的适配训练项目

（1）全车冲洗：先将全车全面冲洗一遍，粗略清洗即可。

（2）深度清洁轮毂、轮胎：使用专用轮毂清洁剂并搭配刷子清洁轮毂，清洗时要细心，用刷子尽量往里深入清洁。如果轮胎里有泥垢，也可用刷子刷洗。

（3）清洁车身缝隙：使用洗车剂并搭配软毛刷对全车覆盖件间的缝隙进行刷洗，包括大灯与车身缝隙，以及 Logo、贴标与车漆缝隙等。

（4）全车第二次冲洗：在上述项目均完成之后便可以进行第二次冲洗了。

（5）车内吸尘：使用吸尘器将车内各区域，包括各个清洁死角清洁干净。

（6）擦拭汽车内饰及玻璃：用毛巾擦拭汽车内饰及玻璃，用软毛刷清洁缝隙。

以上述洗车流程为例，整个流程需要学生有足够的体力和体能去完成洗车工作。在实际操作中，由于智力障碍学生的认知水平和技能学习能力相对较弱，因此在职业技能课程的学习中，往往需要将工作流程分解后，由每位学生学习一至两个操作步骤，采用流水线的形式共同完成一项工作。这种分工也是基于对学生基础能力的评估，分配适合每位学生的工作步骤。洗车技能与体适能对应一览表如表 4-6 所示。

表 4-6　洗车技能与体适能对应一览表

洗车步骤	运动能力	适应性体育训练方法
 全车冲洗	肌肉力量 肌肉耐力 关节活动能力 稳定性	上肢力量训练 全身稳定性静力训练 柔韧性训练
 深度清洁轮毂、轮胎	肌肉耐力 关节活动能力 稳定性 运动耐受功能	全身稳定性静力训练 有氧运动训练 球类运动训练
 清洁车身缝隙	肌肉耐力 关节活动能力 稳定性 运动耐受功能 随意运动	家务劳动训练 与认知能力相结合的手部精细运动训练

续表

洗车步骤	运动能力	适应性体育训练方法
全车第二次冲洗	肌肉力量 肌肉耐力 关节活动能力 稳定性	上肢力量训练 全身稳定性静力训练 柔韧性训练
车内吸尘	肌肉耐力 关节活动能力 稳定性 随意运动	家务劳动训练 球类运动训练 与认知能力相结合的手部精细运动训练
擦拭汽车内饰及玻璃	肌肉耐力 关节活动能力 运动耐受功能 随意运动	家务劳动训练 与认知能力相结合的手部精细运动训练

（二）训练实施

根据工作的任务分解步骤所对应的适应性体育训练方法，培智学校会有针对性地开设适合本校学生的综合康复课程。以下选取部分培养学生职业技能所需的适应性体育训练方法进行简要说明。

1．上肢力量训练

在培智学校的职高阶段，增强学生的身体素质，特别是上肢力量，对于提升学生的日常生活自理能力，激发其参与体育活动的热情，促进其身心健康发展具有重要的意义。

1）基础热身准备

目的：预防运动伤害，提升肌肉温度，提高关节的灵活性。

动作示例：慢跑或原地踏步 5 分钟，配合简单的上肢摆动；做肩部环绕、手腕旋转等关节活动操，每个动作重复 10～15 次，确保全身关节得到充分预热。

2）俯卧撑臂屈伸

目的：锻炼胸肌、肱三头肌及肩部肌肉。

适宜调整：对于力量较弱的学生，可采用跪姿俯卧撑或墙壁俯卧撑作为起始姿势，逐渐过渡到标准俯卧撑。教师需要在一旁辅助，确保学生动作正确，避免受伤。

3）哑铃推举与扩胸

目的：增强肩部、胸部及上臂力量。

操作方法：选择适合学生力量的轻质哑铃，做站姿哑铃推举（直臂上举）和哑铃扩胸（类似飞鸟动作），每组3~4次，共3组。注意控制动作的速度，避免借力。

4）抛接练习增力量

目的：通过动态练习提升上肢的爆发力与协调性。

活动设计：使用软质小球或沙包，进行两人一组的抛接练习。初期可从近距离、低速度开始，逐渐增加距离、提高速度，同时加入单手接球、反手接球等变化，增加活动的趣味性与挑战性。

5）双杠支撑摆动

目的：提升上肢的支撑力、肩部的稳定性和核心控制力。

安全提示：该训练需要在有安全监护措施的前提下进行，可使用辅助带或由教师辅助完成。从简单的双杠支撑开始，逐渐尝试小幅度摆动，提升上肢的耐力和稳定性。

6）游戏化力量训练

目的：通过游戏的形式激发学生对上肢力量训练的兴趣。

活动设计：如"拔河比赛"（使用弹力带）、"搬运大赛"（搬运轻质物品绕场）、"爬绳挑战"等，将力量训练融入游戏中，增加活动的趣味性与互动性。

7）放松与总结评价

目的：缓解肌肉紧张，促进学生身心恢复；总结训练成果，激励学生持续进步。

放松活动：进行全身拉伸，特别是针对训练过的上肢肌肉群，如胸部、肩部、手臂的拉伸，每个动作保持15~30秒。

总结评价：鼓励学生分享训练感受，教师给予正面反馈，指出进步之处及可改进之处，共同设定下一个阶段的目标。

2. 柔韧性训练

实施针对培智学校学生的柔韧性训练需要特别关注学生的个体差异、兴趣和理解能力，通过科学、有趣且安全的方式提升学生的柔韧性。

1）主动静态拉伸

内容：选择适合学生的主动静态拉伸动作，如颈部旋转、肩部提拉、臂部伸展、腰部扭转、腿部前后拉伸等。

方法：指导学生缓慢、平稳地拉伸到稍有紧张感但不感到疼痛的程度，并保持每个动作15～30秒。

注意事项：确保动作正确，避免过度拉伸导致受伤。

2）瑜伽

内容：挑选简单易学的瑜伽动作，如猫牛式、下犬式、山式、树式等，这些动作有助于提升学生的整体柔韧性和平衡感。

方法：在教练或助手的指导下，逐步学习并练习这些动作，注意呼吸与动作的配合。

注意事项：确保动作幅度适中，避免做复杂和高难度的体式。

3. 手部精细运动训练

手部精细运动能力是日常生活、学习和工作中不可或缺的重要技能，涉及手部肌肉、关节的精细控制和协调能力。对培智学校的学生而言，系统的手部精细运动训练尤为重要。培智学校的学生在进行各类职业技能课程的学习时，需要用到手部精细运动能力来完成工作内容。以下从抓握、捏取、提举、放置、移动、工具使用、手眼协调及特殊技能等多个方面来简单介绍手部精细运动训练的方法。

1）抓握训练

目的：增强手指和手掌的握力，提升手指关节的灵活性。

基础练习：使用不同大小和形状的软质球或积木，尝试用全掌、指腹或指尖等不同方式抓取并握住。

进阶练习：加大难度，如使用带有弹性的小球或增加握力的球来练习，以提升手部的肌肉力量和耐力。

2）捏取训练

目的：提高手指的精细控制能力和灵活性，特别是拇指与其他手指的对捏能力。

基础练习：尝试用指尖（特别是拇指和食指）轻轻捏起豆子、珠子等小物件并放到指定位置。

进阶练习：在保持稳定的同时，提高对速度和准确性的要求，如进行串珠或拼图游戏。

3）提举训练

目的：增强手臂和手腕的力量，提高稳定提起物品的能力。

基础练习：从轻量级的物品开始，如杯子、书籍，练习单手或双手拿起并保持稳定。

进阶练习：逐渐增加物品的重量，或者使用不同大小和形状的物品，以锻炼手部的适应性和稳定性。

4）放置训练

目的：培养精确的空间感知能力和手部控制力。

基础练习：在桌面上放置不同大小和间距的容器，学生需要将物品准确放入指定容器中。

进阶练习：提升容器的高度、倾斜度或设置障碍，提高放置的复杂性和挑战性。

5）移动训练

目的：提升手部在空间中灵活移动并控制物品的能力。

基础练习：使用画笔或筷子等细长物品，在平面上进行直线、曲线或图案的绘制或移动练习。

进阶练习：在三维空间中进行，如使用筷子夹起小球并转移到另一容器，或者在迷宫中引导小球移动。

6）工具使用训练

目的：通过实际操作各种工具，提升手部的灵活性和功能性。

内容：从简单的工具（如剪刀、螺丝刀）开始，逐渐过渡到复杂的工具，如笔、键盘、餐具等。

注意事项：确保工具适合学生的年龄和能力水平，并在成人的监督下进行。

7）手眼协调训练

目的：提升手部动作与视觉信息的整合能力，确保准确完成精细任务。

内容：开展抛接球、击打目标、穿针引线等活动，同时结合视觉追踪练习，如跟随物品移动手指。

8）特殊技能训练

目的：根据个人需求或兴趣，培养特定的手部精细运动能力。

内容：学习乐器演奏（如钢琴、吉他）、手工艺制作（如编织、雕刻）、书写（提高字迹的清晰度和书写的速度）等。

实施建议：结合学生的个人兴趣，选择合适的领域进行深入练习，并寻求专业人士的指导。

4. 全身稳定性静力训练

全身稳定性静力训练可以采用坐位或站位，以下以坐位为例简单介绍训练方法。

（1）静态平衡训练：取长/端坐位，在学生前方放置一面镜子，辅助学生保持静态平衡。逐渐减少辅助力量，待学生能够独立保持静态平衡 30 分钟后，再进行动态平衡训练。

（2）动态平衡训练：取长坐位，可指示学生坐于床上，教师向侧方或前后方推动学生，使学生离开原来的起始位。开始时，推动的幅度要小，待学生恢复平衡后再加大推动的幅度。也可指示学生坐于平衡板上，教师向各个方向推动学生。

（3）自动态平衡训练：取长坐位，可指示学生向左右或前后方向倾斜，躯干向左右侧屈或旋转，双上肢从前方或侧方抬起至水平位，或者抬起举至头顶，并保持长坐位平衡。待学生能保持平衡一定时间后，就可以加大难度了。

5. 有氧运动训练

在培智学校中，针对学生的特殊需求设计合理的有氧运动训练方案，不仅能增强学生的体质，增强其心肺功能，还能促进其社交能力、情绪管理能力和自信心等多方面的发展。可以采取以下方法进行训练。

1）趣味游戏运动

目的：通过游戏化的方式，提升运动的趣味性和学生的参与度。

内容：设计一系列融入有氧运动元素的游戏，如接力赛、追逐游戏、障碍跑等。

实施：确保游戏规则简单易懂，鼓励学生开展团队合作，同时提醒学生注意安全，避免激烈碰撞。

2）循环训练课程

目的：通过不同动作的循环练习，全面提升学生的体能水平。

内容：制订包含多种运动类型的简单易掌握的循环训练计划，如跳绳、开合跳、深蹲、俯卧撑等，在每组动作间设定短暂的休息时间。

实施：根据学生的体能状况，灵活调整动作难度和循环次数，确保训练既有挑战性又不会导致学生过度疲劳。

3）适应性训练

目的：根据学生的个体差异，提供定制化的运动方案。

内容：通过观察和评估，了解学生的特殊需求和能力水平，设计适合学生的运动项目和训练计划。

实施：利用辅助工具（如轮椅、矫形器等）或调整训练环境，确保每位学生都能在安全的环境中有效参与训练。

由于培智学校学生适宜的工作岗位和职业多是步骤清晰、操作简单，但需要一定的体力的劳动形式，因此在职高阶段的课程设置中，需要让他们锻炼出健康的体魄。耐力训练，关节活动度、稳定性、柔韧性训练等是从事相关职业必备的能力训练方法。这些训练在综合康复课程中也有相应的涉及，本节只就常见的训练项目进行简单的提纲式列举，具体的训练将在对应的课程中有更加完善和细化的教学内容。

附：体能训练的教案

适应性体育教学活动设计

主题：肌肉力量训练　　本课课题：上肢力量训练

学情分析					
姓名	障碍类型/程度	常态能力习惯	目标起点分析（根据典型工作任务）	特殊教育需要分析	相关支持分析
小 A	智力四级	有一定的动手能力，能理解大部分的指令	可以拿起喷头进行汽车局部喷洗，但无法进行全车喷洗（以洗车员为例）	需要多鼓励	动作示范 强化 肢体辅助
小 B	智力四级	有一定的动手能力，能理解大部分的指令	左手可以端起咖啡杯，但是右手拉花时力量不够（以咖啡师为例）	比较害羞	动作示范 强化 肢体辅助

教学分析	
教材分析	肌肉力量训练是提高各项劳动能力的运动基础。本课旨在通过抗阻训练游戏，帮助学生增强上肢力量，继而可以胜任洗车员、咖啡师等需要上肢力量的工作，同时培养学生对体育运动的兴趣
课时安排	2 课时
教学联系	

续表

教学重难点	重点： 1. 学习哑铃侧平举（锻炼上肢两侧三角肌）。 2. 学习哑铃屈肘弯举（锻炼上肢两侧肱二头肌、肱肌、肱桡肌）。 3. 学习哑铃划船（锻炼上肢两侧肱二头肌、肱肌）。 难点：掌握正确的发力方法
教学资源	2kg 哑铃一对、音箱、快节奏音乐、玩具小怪兽、肌肉动态收缩图片

目标统整及教学支持

长期（三码） 目标	短期（四码） 目标	课时目标	小 A		小 B	
			目标	支持	目标	支持
胜任使用上肢负重工具的工作	负重完成基本动作	1. 能单手拿起 2kg 的哑铃。 2. 能看懂老师的动作。 3. 能单手做出与老师同样的动作 （第一课时目标）	1 2 3	动作示范	1 2 3	动作示范/肢体辅助
		4. 能在老师的指导下跟着音乐完成哑铃抬举动作。 5. 能理解老师说的游戏规则，跟着音乐完成规定组数的哑铃抬举动作。 6. 使用正确动作发力，没有代偿性动作出现 （第二课时目标）	4 5 6	强化	4 6	强化

教学过程

老师活动	学生活动	资源和支持	设计意图
一、课题导入 展示一组肌肉动态收缩图片，告诉学生肌肉对于劳动和生活必不可少，同时可以让我们变得更帅气、更漂亮	指一指、摸一摸自己胳膊上的肌肉	图片	让学生对于肌肉锻炼产生兴趣
二、知识新授 （一）哑铃侧平举 1. 学习动作 （1）老师介绍今天使用的器材叫哑铃。 （2）老师示范用手握住两个 2kg 的哑铃，双手缓慢向体侧展开做侧平举，待手臂与身体垂直后缓慢放下。（注意动作要缓慢，不要依靠惯性，同时哑铃高度不要超过肩膀。） 	认识哑铃 拿起哑铃体会，认真观看老师示范	实物 肢体辅助	通过直观的动作示范，让学生了解完整的侧平举动作如何做

续表

2．练习动作 （1）老师将哑铃分给学生，学生拿哑铃进行练习。 （2）老师指导学生的动作。	尝试用哑铃做侧平举	口语、动作提示	学生看完动作后自己练习。在练习的过程中会出现动作变形、发力不正确等情况。老师可以加以指导，以便让学生学会正确的发力方法
（二）哑铃屈肘弯举 1．学习动作 老师示范用手握住两个2kg的哑铃，上臂紧贴身体，缓慢拿起哑铃做屈肘动作，到前臂与上臂紧贴后缓慢放下。（注意收紧腰腹部核心部位，不要出现其他部位代偿发力的情况。）	拿起哑铃体会，认真观看老师示范	肢体辅助	
2．练习动作 （1）老师将哑铃分给学生，学生拿哑铃进行练习。 （2）老师指导学生的动作。	尝试用哑铃做屈肘弯举	口语、动作提示	
（三）哑铃划船 1．学习动作 老师示范用手握住两个2kg的哑铃，腰背挺直呈直线，弯髋关节，屈臂向后拉起哑铃。	拿起哑铃体会，认真观看老师示范	肢体辅助	

续表

2. 练习动作 （1）老师将哑铃分给学生，学生拿哑铃进行练习。 （2）老师指导学生的动作。	尝试用哑铃划船	口语、动作提示	
（四）配合音乐进行动作游戏 （1）学生学会 3 个动作以后，老师放音乐，让学生一次练习 5 下，中间休息 30 秒，共做 3 组；创设情境拿着哑铃击打小怪兽。	尝试跟随音乐节拍做动作	动作示范	学生在学会基础动作之后可以配合音乐进行练习。节奏可以减轻运动的疲劳感，同时让学生享受运动带来的喜悦
（2）做完 3 组动作，奖励学生品尝新品咖啡	尝试设置运动小目标并完成	鼓励	
三、评价总结 点评学生的动作完成情况	复习基础动作的发力方式	—	让学生了解自己在这堂课中的表现

本章小结

本章主要介绍了培智学校职高阶段的教育支持课程，为学生从学校向社会转衔打好基础。首先，通过生活适应课程帮助学生学习并掌握基本的生活技能，如自我护理、简单家务劳动等；其次，通过社会适应课程调整和优化学生的能力结构，使他们具备更加全面的素质，有助于他们在职场中更好地与他人沟通和合作，提高其就业竞争力；最后，通过适应性体育课程促进学生的肌肉、骨骼和器官发育，提高他们的身体素质和抵抗力，活化其神经系统和大脑，使其能够应对未来的工作强度。综上所述，培智学校职高阶段开设生活适应课程、社会适应课程、适应性体育课程，不仅有助于学生在学业上取得进步，更有助于他们在生活中实现自我价值和社会价值。

课后练习

培智学校高二（3）班有 13 位学生，其中 6 人患孤独症、2 人患唐氏综合征、5 人有智力障碍。基本能力情况分析如下。

A+组有 2 位学生（S 坤、S 萱），他们有较好的认知和语言表达能力，课堂参与度高且注意力集中。其中，S 坤患孤独症，手部精细运动能力较好；S 萱的手部精细运动能力一般。

A 组有 3 位学生（S 澂、S 毅、S 翔）。其中，S 澂患孤独症，有较好的认知和学习能力，但注意力分散，喜欢趴着，需要给予口语提示；S 毅伴有脑瘫，课堂参与度较高，认知和语言表达能力较好，手部精细运动能力一般；S 翔的语言表达能力较好，对学会的知识运用能力较好，能够积极回答问题，但对新授知识的学习积极性一般。

B 组有 6 位学生（S 昱、S 智、S 贤、S 勒、S 涵、S 赐），他们的认知和语言表达能力一般，注意力易分散。其中，S 昱、S 智、S 贤患孤独症。S 昱会无故离开位置或假借上厕所的名义离开教室，有时还会敲打桌面，基本处于我行我素的状态，需要教师及时提醒，在严格要求下可以进行简单的操作；S 智、S 贤的数学学习能力一般，构音不清晰，课堂参与度低，需要动作协助加语言协助。S 勒患唐氏综合征，认知能力一般，注意力相对集中，能跟随其他学生一起回答问题，在教师的鼓励下可以独立回答问题；S 涵偶尔会低头做小动作，需要给予口语提示；S 赐的课堂参与度一般，有情绪问题，容易出现挑衅动作或起哄行为，需要给予相应的支持。

C 组有 2 位学生（S 甜、S 堃），他们的学习能力较差，配合能力也一般，能在教师的引导下完成类似折一折、摸一摸、指一指的简单学习任务。其中，S 堃患孤独症，认知和语言表达能力弱，注意力不集中，会出现离开位置的行为，时常发出较大的声音，需要不断提醒；S 甜患唐氏综合征，能安静地坐着，课堂参与度较低。

1. 请为 A 组学生设计一份生活适应能力训练方案。

2. 请为 B 组学生设计一份社会适应能力训练方案。

3. 请为 C 组学生设计一份适应性体育训练方案。

第五章　培智学校职业转衔的职业指导课程实施

在培智学校中，转衔期职业指导课程的实施是帮助学生顺利过渡到社会生活的重要环节。进入职高阶段并通过一般能力评估和职业能力评估的学生，是职业转衔的主要对象与目标。这一阶段的课程设计旨在通过对学生进行职前指导、职场规则和求职技巧掌握、职场沟通等能力的训练，为他们未来的职业生涯打下坚实的基础。考虑到培智学校学生的认知能力和社会适应能力稍差，职业指导课程不能采用传统的职业生涯规划与就业指导课程的体例，而是需要基于个别化教育的理念进行课程设计与实施。

本章将以杭州市湖墅学校与杭州市拱墅区益仁社会工作服务中心于 2023 年发起的"勇往职前·点亮星途——心智障碍者职前准备行动计划"为基础，探讨培智学校职高阶段学生的职业指导课程实施方案。本章所有的示教课例均来源于杭州市拱墅区益仁社会工作服务中心。

第一节　职前准备

求职的第一步，就是了解自己的特质、需求、自我期待，根据对自己的了解选择合适的工作。本节将通过多元化量表及评估工具让学生了解自己，进行自我能力和需求的评估，旨在通过实际的活动体验，让学生看见自己的真实能力，同时通过他人的反馈更加了解真实的自己。

一、课程架构

职前准备课程有三大课程模块，包括自我探索、自我职业能力评估和团队合作（见表 5-1）。自我探索课程旨在让学生了解自己的特质、优劣势及对未来就业生活的期望；自我职业能力评估课程将针对自我探索的内容进行进一步的延伸、分析，以此作为未来课程的基础；团队合作课程将以任务的形式贯穿整个课程，通过直接的活动，让学生从中掌握合作、沟通、妥协、担责等职场必备的技能。

表 5-1　职前准备课程表

课程模块	课程主题	课程内容	开设学期
自我探索	课程导入	运用讲授、视频、文本等多种手段介绍整个职业指导课程的情况	职高二年级上
	认识自我	使学生了解如何进行不同场景下的自我介绍。通过团队合作与分组（同质化分组、差异化分组），鼓励每位学生用自己的方式表达（如语言、绘画、文字等）	
	探索自我	运用培智学校学生现有能力评估表（见表 2-1），帮助学生了解自己的性格、特点、优劣势等	
	面对挑战	运用生活态度调查表帮助学生了解自我、探索自我，设定阶段性目标，引导学生认识到每个人在成长过程中都会遇到挑战和困难	
自我职业能力评估	个性化职业能力评估	运用职业能力评估表对学生的职业能力进行评估，结合学生的个性特点进行职业初步选择	
团队合作	认识团队	以任务的形式贯穿整个课程，让学生掌握合作、沟通、妥协、担责等职场必备的技能	

二、课程实施

面向培智学校学生的职业指导课程不同于面向普通学校学生的职业指导课程，也不同于技能课程和学科课程。在面向培智学校的学生进行教学时，要把课程内容拆解为一个个主题，每个主题都需要用浅显易懂的方式讲解，保证课程能够被学生接受，以实现教学目标。

（一）"自我探索"课程设计

1. 课程目标

（1）认知目标：帮助学生理解自我的概念，认识到每个人都是独一无二的个体，具有自己的特点和价值。

（2）技能目标：通过实践活动，让学生学会观察和反思自己，掌握一些简单的自我探索方法。

（3）情感与态度目标：培养学生对自己的认同感和自信心，鼓励他们积极面对自己的优点和不足，勇于表达自己。

2. 课程内容安排

第一单元：认识自我（2 课时）

（1）活动引入：通过游戏或故事引入自我的概念，让学生感受到每个人的独特性。

（2）自我画像：指导学生使用彩色笔或贴纸等材料，创作一幅代表自己的画像；引导学生思考并描述自己的外貌特征、性格特点、兴趣爱好等，然后将其转化为画面元素。

（3）分享交流：鼓励学生展示自己的画像，并分享创作过程中的想法和感受；引导学生倾听他人的分享，并学会尊重和理解他人的差异。

第二单元：探索自我（2 课时）

（1）优点大搜索：组织学生进行小组讨论，让每个人轮流说出自己的优点，并由小组成员进行补充和确认；引导学生以积极、客观的态度看待自己，发现并认可自己的长处。

（2）优点展示墙：将学生的优点写在彩纸上，制作成"优点展示墙"。学生可以选择将自己的优点贴在展示墙上，与其他同学分享自己的闪光点。

（3）实践应用：引导学生思考如何在实际生活中运用自己的优点，如在学习、交友、做家务等方面，鼓励学生制订计划，并尝试实施。

第三单元：面对挑战（2 课时）

（1）挑战识别：通过故事或案例，引导学生认识到每个人在成长过程中都会遇到挑战和困难，鼓励学生思考自己曾经或现在面临的挑战是什么。

（2）策略探讨：组织学生进行小组讨论，分享面对挑战时的应对策略；引导学生思考如何运用寻求帮助、调整心态、制订计划等方法来应对挑战。

（3）实践演练：针对某项具体的挑战，引导学生进行模拟演练。例如，模拟一个面试场景，让学生在模拟场景中练习如何缓解紧张情绪、如何展示自己的优点等。

第四单元：总结与展望（1 课时）

（1）自我反思：引导学生回顾整个课程的学习过程，思考自己在"认识自我、探索自我"方面的收获和成长，鼓励学生写下自己的反思日记或感想。

（2）未来规划：引导学生思考自己的未来愿景和目标，并思考如何实现这些目标。教师可以提供一些职业、兴趣、学习等方面的资源信息，供学生参考。

（3）成果展示：鼓励学生以多种形式展示自己在课堂中的学习成果，如制作自我介绍视频、编写自我成长故事等。教师可以邀请家长或其他同学参与观看和评价。

3. 教学策略

（1）正面引导：注重正面激励和引导，让学生感受到被尊重和认可。

（2）小组合作：通过小组合作的方式，增进学生之间的交流和互动。

（3）实践体验：通过实践活动让学生亲身体验和感受自我探索的过程。

（4）差异化教学：根据学生的智力水平和能力差异，提供个性化的指导。

4. 评估与反馈

（1）过程评价：关注学生在参与度、合作能力、自我反思能力和表达能力等方面的表现。

（2）成果评价：对学生的自我画像、优点展示墙、反思日记、未来规划等成果进行评价。

（3）同伴评价：鼓励学生之间相互评价，学会欣赏和尊重他人的差异。

（4）家长反馈：邀请家长参与课程的某些环节，了解家长对孩子自我探索过程的看法和建议。

（二）"自我职业能力评估"课程设计

1. 课程目标

（1）认知目标：帮助学生理解职业能力的概念，认识到每个人都有自己独特的职业潜力和优势。

（2）技能目标：指导学生学会评估自己的职业能力，识别自己的职业兴趣和优势领域。

（3）情感与态度目标：培养学生对未来职业的积极态度和自信心，鼓励他们根据自身能力选择合适的职业方向。

2. 课程内容安排

第一单元：职业能力认知（1课时）

（1）活动引入：通过图片、视频或故事介绍不同的职业类型及其所需的职业能力，让学生初步了解职业能力的多样性。

（2）理论讲解：简要解释职业能力的概念，包括技能、知识、兴趣和个性特点等方面，并强调每个人都有自己独特的职业能力组合。

（3）小组讨论：分组讨论自己所了解的职业及其对应的职业能力要求，分享个人见解和感受。

第二单元：自我兴趣与能力探索（2课时）

（1）兴趣测试：开展简单的兴趣问卷调查或游戏，帮助学生识别自己的职业兴趣。问卷设计应简单易懂，避免使用复杂的术语。

（2）能力自评：引导学生根据自己的实际情况，填写职业能力评估表，评估自己在不同领域的技能水平、知识水平等。职业能力评估表应提供清晰的指示和选项，便于学生理解。

（3）案例分享：选取一些成功案例，特别是与智力障碍人士相关的职业成功故事，展示他们如何通过发挥自己的优势来实现职业目标，鼓励学生从中汲取灵感和信心。

第三单元：职业匹配与规划（2 课时）

（1）职业匹配：指导学生将自己的职业兴趣与自评结果相结合，探索适合自己的职业方向。可以使用职业匹配表或工具来辅助这一过程。

（2）职业规划：鼓励学生制定初步的职业规划，包括短期和长期目标。教师可以提供模板或指导，帮助学生明确自己的职业愿景和行动步骤。

（3）模拟面试：组织模拟面试活动，让学生在模拟场景中展示自己的职业能力和兴趣。通过角色扮演和互动问答，帮助学生提升自信心和应对能力。

第四单元：反馈与调整（1 课时）

（1）自我反思：引导学生回顾整个自我职业能力评估的过程，思考自己的收获和成长；鼓励学生写下自我反思报告，总结自己的职业兴趣和优势领域。

（2）同伴评价：组织学生进行同伴评价，相互分享对彼此职业能力的看法和建议。通过互评互学，增进学生之间的理解和支持。

（3）教师指导：教师根据学生的自评报告、职业规划和同伴评价，给予个性化的指导和建议，帮助学生识别需要改进的地方，并提供相应的资源和支持。

3．教学策略

（1）兴趣引导：以学生的兴趣为出发点，激发他们的学习动力和学习积极性。

（2）体验式教学：通过模拟面试、案例分析等实践活动，让学生在体验中学习和成长。

（3）差异化教学：根据学生的智力水平和能力差异，提供不同难度和形式的教学内容与任务。

（4）正面激励：注重正面激励和反馈，提升学生的自信心和积极性。

4．评估与反馈

（1）过程评价：关注学生在参与度、合作能力、自我反思能力和表达能力等方面的表现。

（2）成果评价：对学生的自我反思报告、职业规划书、模拟面试表现等成果进行评价。

（3）同伴评价：鼓励学生之间相互评价，促进彼此之间的理解和支持。

（4）教师反馈：教师根据学生的表现和成果，给予及时的反馈和指导，帮助学生不断进步和成长。

（三）"团队合作"课程设计

1. 课程目标

（1）认知目标：帮助学生理解团队合作的基本概念，了解团队合作中的角色分工和沟通方式。

（2）技能目标：培养学生在团队中的协作能力、沟通能力、问题解决能力，以及基本的冲突处理能力。

（3）情感与态度目标：增强学生的团队意识和责任感，培养学生的自信心和合作精神，使其在团队中感受到归属感和成就感。

2. 课程内容安排

第一单元：团队合作的初步认识（1课时）

（1）教学内容：

团队合作的概念：通过简单易懂的案例讲解团队合作的含义和重要性。

团队合作的好处：结合生活中的实例，如家庭分工、小组游戏等，让学生感受团队合作带来的便利。

团队角色介绍：以简单角色卡片的形式介绍团队中常见的角色（如领导者、执行者、协调者等），并让学生尝试选择自己感兴趣的角色。

（2）教学活动：

角色扮演：设计简单的角色扮演活动，让学生体验不同角色在团队中的作用。

小组讨论：让学生分组讨论"为什么需要团队合作"，并分享自己的观点。

第二单元：团队沟通与协作（2课时）

（1）教学内容：

沟通的重要性：通过图片或视频展示沟通不畅导致的后果，强调沟通在团队中的关键作用。

简单的沟通技巧：教授学生如何清晰地表达自己的想法，如何倾听他人的意见，如何用简单的语言进行反馈。

协作游戏：设计简单的团队协作游戏，如"接力传球""共同完成拼图"等，让学生在实践中感受协作的力量。

（2）教学活动：

接力游戏：设计接力任务，让学生在活动中体会分工与协作。

拼图任务：将学生分成若干小组，让每个小组共同完成一幅拼图，使学生体验团队合作的乐趣。

第三单元：团队分工与任务完成（2课时）

（1）教学内容：

分工的意义：通过实际案例，如制作简单的手工艺品，讲解分工如何提高效率。

任务分配：根据学生的兴趣和能力，分配简单的团队任务，如"制作班级海报"。

责任意识：通过故事或情景模拟，强调每个成员在团队中的责任。

（2）教学活动：

任务实践：学生分组完成海报制作任务，教师在旁指导，帮助学生理解分工和责任。

分享与反思：完成任务后，每个小组分享经验，反思遇到的问题及解决方法。

第四单元：团队冲突与解决（1课时）

（1）教学内容：

冲突的常见原因：通过简单的情景剧，展示团队中可能出现的冲突，如意见不合、分工不均等。

解决冲突的方法：教授学生简单的冲突解决技巧，如冷静沟通、换位思考等。

团队和谐的重要性：通过故事或视频，强调团队和谐对完成任务的重要性。

（2）教学活动：

情景模拟：设计冲突情景，让学生现场模拟解决冲突的过程。

小组讨论：讨论如何预防团队冲突，分享自己的想法。

3. 教学策略

（1）情境教学：通过模拟生活和工作中的场景，让学生在真实的场景中体验团队合作的作用。

（2）小组合作学习：根据学生的能力和兴趣进行分组，确保每个成员都能参与其中并发挥自己的优势。

（3）游戏化教学：设计简单有趣的游戏，让学生在轻松的氛围中学习团队合作的技巧。

（4）个别化指导：根据学生的个体差异提供针对性的指导，帮助学生在团队中找到自己的位置。

（5）多媒体辅助教学：利用视频、图片等多媒体资源，增进学生对团队合作的理解。

4. 评估与反馈

（1）过程评价：关注学生在参与度、合作能力、问题解决能力等方面的表现。

（2）成果评价：对学生完成的团队任务进行评价。包括评价学生团队完成任务的质量和效率，如是否按时完成任务、任务完成的准确性等；通过学生团队的作品展示，评价团队合作的效果和学生的综合能力。

（3）个别化评价：针对培智学校职高阶段学生的特殊需求，采用个别化评价的方式，包括前测与后测以及个性化目标评价。

（4）教师反馈：教师根据学生的表现和成果进行现场指导，对表现优秀的学生予以表扬与肯定。

三、示教课例

自我探索之自我认知如表 5-2 所示。

表 5-2　自我探索之自我认知

课程小建议			
第一次课程的说明会非常重要。除口语讲解外，建议配合视觉提示，如果有通知的纸质文本则最佳。 在课程说明的过程中，可以鼓励学生对于其感到奇怪、不理解的地方提出问题。若学生质疑上课的模式，教师需要及时解答并说服学生，减少可能发生的冲突。 建议本课程安排已经就业的智力障碍学生分享个人的求职及工作经验，便于加强其他学生对就业环境的认识和感知			
教学目标			
1. 学生能根据指定的项目进行自我介绍。 2. 学生能根据个人期待填写生活态度调查表			
教材教具			
学习单——生活态度调查表			
教学流程			
流程	时长	课程内容	
激发动力	5分钟	引导学生思考工作的意义。 　指导语：未来我们将面临一个重要的人生课题，那就是"步入职场"。在这之前请各位思考以下三个问题。 　1. 我为什么需要工作？ 　2. 我希望做什么样的工作？ 　3. 我希望从这份工作中得到什么	

续表

	30 分钟	任务：相见欢。 课程说明：组织学生认识自我。 破冰时间：教师与学生分别进行自我介绍。 宣布分组名单
发展活动	20 分钟	1. 学生根据个人期待填写生活态度调查表。 2. 团体讨论，给予全体学生反馈
综合活动	5 分钟	布置回家作业
其他说明		

1. 希望可以通过生活态度调查了解学生对于成人生活的认知情况，并通过完成后的讨论让学生明白理想与现实生活的差距。

2. 生活态度调查表的内容包括希望居住的环境、对生活的满意度、预计每月的生活开支、希望的家庭环境等。

3. 学生可能对实际的生活开销不是很清楚，教师可以提供各种信息渠道让学生查询与了解

生活态度调查表如表 5-3 所示。

表 5-3　生活态度调查表

尊敬的受访者：

您好！感谢您参与本次生活态度调查。本调查旨在深入了解您对于理想生活的构想与期望，涵盖多个生活维度，以期为我们共同探索更加和谐、满足的生活方式提供参考。请根据您的实际情况和内心愿景真诚地填写以下各项内容。由于调查对象为培智学校的学生，在一些问题的理解上需要教师的协助与引导，因此此问卷需要由教师来填写或在教师的协助下填写。

一、居住环境与设施

1. 您理想的居住类型是（　　　）？（单选或多选）

A. 公寓/楼房

B. 别墅/独立住宅

C. 乡村小屋/田园小居

D. 其他，请具体说明：_____

2. 您最看重的居住环境特点有哪些（　　　）？（多选）

A. 安全有保障

B. 交通便利

C. 自然环境优美

D. 社区氛围和谐

E. 周边设施完善（如学校、医院、购物中心等）

3. 您希望家中具备哪些设施或智能设备？（开放性问题）

二、生活满意度与平衡

1. 您对当前生活的满意度如何？（非常满意/满意/一般/不满意/非常不满意）

2．您理想中的工作与生活的平衡状态是怎样的？

3．您认为在工作中获得哪些要素对实现理想生活至关重要？（如职业发展、成就感、灵活性、薪资待遇等）

三、财务状况与消费观

1．您对目前财务状况的满意度如何？（非常满意/满意/一般/不满意/非常不满意）

2．您的消费观倾向于哪种类型？（如理性消费、适度享受、节俭为主、投资未来等）

3．您计划如何管理未来财务以实现理想生活？（如储蓄、投资、理财规划等）

四、家庭关系与社交圈

1．您理想中的家庭关系是怎样的？（如和睦相处、相互支持、共同参与活动等）

2．您认为怎样的社交圈对您的生活最为有益？（如志同道合的朋友、专业领域的交流圈、广泛的社交网络等）

3．您在日常生活中如何维护与家人和朋友的关系？（可分享具体做法或计划）

五、健康状态与习惯

1．您目前的健康状态如何？（非常好/良好/一般/需要关注/较差）

2．您有哪些保持或改善健康的习惯或计划？（如定期运动、均衡饮食、保证睡眠、定期体检等）

3．您认为哪些因素对保持健康最为重要？（如心态调整、环境因素、生活习惯等）

六、休闲娱乐与爱好

1．您在闲暇时间最喜欢做哪些事情来放松自己？（如阅读、旅行、运动、看电影、艺术创作等）

2．您是否有持续培养或新尝试的兴趣爱好？

3．休闲娱乐活动在您的生活中扮演怎样的角色？

七、教育与成长追求

1．您对自我成长的重视程度如何？（非常重视/重视/一般/不太重视/完全不重视）

2．您希望通过哪些途径或方式来实现个人成长？（如学习新技能、接受高等教育、参加培训课程、阅读书籍等）

3．您对未来的学习或职业发展有哪些具体的规划与期望？

第二节 职场知识与求职技巧

就业准备分为面试前的准备及面试中的技巧，本节将着重介绍面试前的准备，包括了解企业的需求、简历撰写方法、面试技巧等，为下一步的面试做好准备。

一、课程架构

职场知识与求职技巧课程由了解职场、简历撰写和面试技巧三大课程模块组成（见表 5-4）。了解职场课程旨在让学生了解企业的需求和立场，以此作为就业准备的依据；简历撰写课程旨在根据学生所选的职业，帮助学生撰写自己的简历；面试技巧课程旨在教授面试的相关技巧，使学生做好相关的入职准备。

表 5-4 职场知识与求职技巧课程表

课程模块	课程主题	课程内容	开设学期
了解职场	了解企业	介绍即将入职或以后可能入职的企业的基本情况。注意，培智学校的学生对于高深的专业性介绍很难接受，因此需要采用一些问答、视频或举例的方法让学生了解	职高二年级下
	了解岗位	介绍即将入职或以后可能入职的企业的具体岗位，如岗位职责等	
	岗位要求	介绍企业对这个岗位的具体要求，如上下班时间、员工日常管理制度等，确保学生明白岗位的基本要求，并能够切实达到这些要求	
简历撰写	认识和制作简历	使学生认识简历这份表单，知道什么是简历，能够在教师和家长的帮助下用自己的表达方式完成简历，让简历的接收者能够理解并接受	职高三年级上
面试技巧	面试原则	讲解与传授面试的基本原则。注意，面向培智学校的学生，在讲解这些原则和做法时，需采用浅显易懂的方式，并说明原因和理由	
	专项突破	根据不同学生选择的企业和职业进行针对性的个别化指导	职高三年级下

二、课程实施

设计面向培智学校学生的职场知识与求职技巧课程，需要注重内容的简化、趣味性、互动性和实践性，以确保学生能够理解并参与其中。

（一）"了解职场"课程设计

1. 课程目标

（1）基础认知目标：帮助学生了解企业的基本概念，包括企业是做什么的，为什么需要企业。

（2）岗位认知目标：帮助学生认识企业中不同的工作岗位及其基本职责。

（3）流程理解目标：帮助学生理解企业产品从生产到销售的基本流程。

（4）职业兴趣激发目标：激发学生对未来职业探索的兴趣和热情。

2. 课程内容安排

第一单元：认识企业（2课时）

（1）课程活动：通过故事或动画视频介绍"小明的一天"——小明在一家面包店工作的故事，让学生跟随小明的步伐了解面包店是如何运作的，从而引出企业的概念。

（2）互动环节：分组讨论，让学生用简单的话语描述自己在生活中接触过的企业或店铺，教师引导学生总结共同点和不同点。

第二单元：企业里的角色（2课时）

（1）角色扮演：准备不同企业角色的卡片（如老板、员工、厨师、清洁工等），让学生抽签后扮演对应的角色，通过简短的表演展示各自的职责。

（2）职业介绍板报：制作简单的职业介绍板报，图文并茂地展示不同职业的工作内容和所需技能，鼓励学生找到感兴趣的职业并分享原因。

第三单元：产品的旅程（4课时）

（1）动手制作：选择一种简单的产品（如手工皂、小饼干等）作为案例，分步骤教授学生制作过程，模拟从原材料到成品的生产流程。

（2）销售体验：组织学生开展模拟销售活动，通过角色扮演（如销售员、顾客等）体验产品的销售过程，使学生理解市场、需求和利润的概念。

第四单元：未来职业规划（2课时）

（1）职业探索工作坊：邀请不同行业的从业者来校分享（或通过在线分享），让学生更直观地了解不同职业的特点和要求。

（2）个人职业规划：指导学生制作简单的个人职业规划表，包括短期和长期目标，以及实现这些目标可能需要的步骤。

3．教学策略

（1）直观教学：利用图片、视频、实物等直观材料辅助教学。

（2）互动参与：通过游戏、角色扮演、小组讨论等方式提升学生的参与感。

（3）个别辅导：针对理解能力不同的学生提供个性化的指导和支持。

（4）实践操作：尽可能多地安排动手操作环节，帮助学生加深理解和记忆。

4．评估与反馈

（1）观察记录：记录学生在课堂活动中的参与度、合作能力和表现。

（2）口头报告：鼓励学生分享自己的学习体会和职业规划。

（3）作品展示：展示学生制作的产品或完成的个人职业规划表，评价其创意和完成度。

（二）"简历撰写"课程设计

1．课程目标

（1）认知目标：帮助学生理解简历的基本概念和用途，认识到简历是展示自我、求职就业的重要工具。

（2）技能目标：帮助学生掌握简历的基本结构和撰写方法，使其能够独立完成个人信息的整理和简历的初步制作。

（3）情感与态度目标：培养学生对自我能力的认同感，增强其自信心，激发其对未来职业生涯的向往和规划意识。

2．课程内容安排

第一单元：认识简历（1课时）

（1）活动引入：通过角色扮演（如小明的求职故事）引入简历的概念，让学生感受到简历在求职过程中的重要性。

（2）理论讲解：使用简单易懂的语言和图片，介绍简历的基本组成部分（如个人信息、教育背景、技能特长、工作经验、兴趣爱好等）。

（3）讨论分享：引导学生讨论自己未来想从事的工作，初步思考自己的技能特长和兴趣爱好。

第二单元：信息整理（1～2课时）

（1）任务分配：给学生分发信息收集表，引导他们与家长或教师一起，完成个人信息的收集和整理，包括姓名、年龄、联系方式、特殊教育经历、学习成果、特长爱好等。

（2）分组指导：根据学生的情况分组，每组配备一名助教，指导学生筛选和整理信息，确保信息的真实性和准确性。

第三单元：简历制作（2～3课时）

（1）模板选择：提供几种适合学生的简历模板，供学生选择。模板应简洁明了、易于填写。

（2）步骤演示：通过视频或现场演示，逐步展示如何填写简历的各个部分，强调重点信息的突出和表达的简洁性。

（3）实践操作：学生在教师的指导下开始制作自己的简历。教师需要巡回指导，及时纠正错误，鼓励学生发挥自己的创意。

（4）小组互评：小组内相互欣赏和评价彼此的简历，提出改进意见，增强学生的合作意识和团队精神。

第四单元：成果展示与反馈（1课时）

（1）成果展示：邀请学生上台展示自己的简历，并简要介绍自己的职业规划和期望。

（2）教师点评：教师对学生的简历进行点评，肯定他们的努力和创意，同时指出需要改进的地方。

（3）家长参与：邀请家长参与课堂，观看学生的成果展示，与教师共同见证孩子的成长和进步。

（4）颁发证书：为每位完成简历制作的学生颁发"小小职业规划师"证书，提升他们的成就感和自信心。

3. 教学策略

（1）差异化教学：根据学生的智力水平和能力差异，提供不同难度和形式的教学内容与任务。

（2）互动教学：通过小组讨论、角色扮演、互评互改等互动方式，激发学生的学习兴趣，提升其参与度。

（3）正面激励：注重发现学生的优点和进步之处，给予正面评价和激励，增强学生的自信心和学习动力。

（4）家校合作：鼓励家长参与孩子的简历制作过程，共同关注孩子的职业规划和未来发展。

4. 评估与反馈

（1）过程评价：关注学生在参与度、合作能力、信息整理能力和简历制作能力等方面的表现。

（2）成果评价：根据学生的简历制作成果进行评分和点评，注重评价学生的创意和表达能力。

（3）家长反馈：收集家长的意见和建议，了解家长对孩子职业规划与简历制作过程的看法和建议。

（4）自我反思：鼓励学生进行自我反思和总结，思考自己在简历制作过程中的收获和不足，为未来的学习和成长提供参考。

（三）"面试技巧"课程设计

1. 课程目标

（1）认知目标：帮助学生理解面试的基本概念，认识到面试是求职过程中的重要环节。

（2）技能目标：帮助学生掌握面试前准备、面试中表现及面试后跟进的一般原则，提高面试成功率。

（3）情感与态度目标：培养学生的自信心，鼓励他们以积极、乐观的心态面对面试挑战，提升其社会适应能力。

2. 课程内容安排

第一单元：面试的基础认知（1课时）

（1）活动引入：通过简短的动画或故事介绍面试的场景和目的，让学生初步了解面试的重要性。

（2）理论讲解：使用简单易懂的语言介绍面试的理论。

面试的定义：解释面试是雇主与求职者之间面对面交流，评估求职者是否适合岗位的过程。

面试的目的：让学生了解雇主通常通过面试了解求职者的能力、经验和个性等。

（3）讨论分享：引导学生分享自己对面试的看法和感受，教师适时解释，消除学生的紧张情绪。

第二单元：面试前的准备（2课时）

（1）个人形象：强调干净、整洁的着装对面试的重要性，但不必强求正装，重要的是得体、大方。

（2）资料准备：指导学生准备简单的求职材料，并了解如何清晰、有条理地展示这些信息；提醒学生熟悉自己的简历内容，以便在面试中能够准确回答面试官提出的问题。

第三单元：面试的一般原则（2课时）

（1）语言表达：强调语言表达清晰、流畅的重要性，教授学生如何组织语言和回答问题；提醒学生注意语速和语调，保持自然、自信的态度。

（2）非语言沟通：教授学生如何通过肢体语言（如站姿、坐姿等）和面部表情（如眼神交流等）来传达自信及积极的信息；强调在面试中保持放松、自然的姿态，避免过度紧张或过于随意。

（3）应对问题：针对常见的面试问题（如自我介绍、职业规划等），提供回答策略和示例；鼓励学生根据自己的实际情况进行回答，展现真实的自我和积极向上的态度。

3．教学策略

（1）差异化教学：根据学生的智力水平和能力差异，提供不同难度和形式的教学内容与任务。

（2）互动教学：通过小组讨论、角色扮演、模拟面试等互动方式，激发学生的学习兴趣，提升其参与度。

（3）正面激励：注重发现学生的优点和进步之处，给予正面评价和激励，增强学生的自信心和学习动力。

（4）家校合作：鼓励家长参与孩子的面试技巧学习过程，共同关注孩子的职业规划和未来发展。

4．评估与反馈

（1）过程评价：关注学生在参与度、合作能力、面试准备和模拟面试等方面的表现。

（2）成果评价：对学生的求职信撰写、面试表现及心态调整情况进行评价。

（3）家长反馈：收集家长的意见和建议，了解家长对孩子面试技巧学习过程的看法和建议。

（4）自我反思：鼓励学生进行自我反思和总结，思考自己在面试技巧学习过程中的收获和不足，为未来的学习和成长提供参考。

三、示教课例

简历撰写如表 5-5 所示。

表 5-5　简历撰写

课程小建议		
简历的撰写是求职过程中很重要的一步，简历会先于本人让企业/雇主看见，也会成为面试时面试官提出问题的依据。本课程将教导学生完成基础的简历内容，并进行详细的修改和调整。 在课程教学的过程中，建议教师对撰写简历的基本架构和原则予以简要阐述即可，暂勿展开或深入剖析并讲授，以充分给予学生自由发挥的空间		
教学目标		
学生能根据教师分享的内容完成个人简历的撰写		
教材教具		
学习单——个人简历表		
教学流程		
流程	时长	课程内容
激发动力	5 分钟	1. 检核上周作业。 2. 讨论简历的重要性。 3. 让面试官对你有所期待
发展活动	20 分钟	1. 介绍简历的撰写原则。 2. 说明简历撰写应切中要害，不能一式多用。 3. 介绍简历的基本架构（求职岗位、个人基本资料、受教育程度、工作经历、专业能力）
	30 分钟	任务：撰写简历。 课程说明：组织学生独立撰写自己的求职简历。 教师提供简历模板，指导学生撰写简历，指出问题和不足，并对优秀的部分加以表扬
综合活动	5 分钟	布置回家作业
其他说明		
一份好的简历应能充分展示个人特色及风格，尽量展示一个想让他人认识的自己。在撰写简历时，应注意以下问题。 1. 不重复填写个人基本资料。 2. 字数以 600～800 字为宜。 3. 段落分明、文句畅通，避免出现错别字。 4. 避免悲观的人生观。 5. 避免对人、事、物做太多的批判（主观/中立）。 6. 强调自己的专长、潜力及未来的可塑性。 7. 找出具体事件来凸显自己的优点，但并非唱高调（自我分析）。 8. 怀着感恩、谦卑的态度描述自己的成功经验。 9. 用礼貌、诚恳的态度表达自己对于面试的殷切与渴望		

面试技巧"教战守则"如表 5-6 所示。

表 5-6　面试技巧"教战守则"

课程小建议		
完成了简历的撰写，接着就是准备面试。在开始进行面试练习前要做足准备。本课程将教导学生根据自己选择的职业和简历的内容进行面试		
教学目标		
学生能根据面试技巧"教战守则"进行一分钟的自我介绍或问答式的自我介绍		
教材教具		
学习单——职场求职笔记（面试篇）面试原则		
教学流程		
流程	时长	课程内容
激发动力	5 分钟	1. 检核上周作业。 2. 让学生介绍自己（关键在于对自己了解多少）。 （1）如何进行一分钟的自我介绍。 （2）如何在短时间内展示个人亮点。 （3）如何让人对你过目不忘
发展活动	15 分钟	1. 介绍面试十大加分行为（言谈中展示对岗位的了解、保持自信积极的态度、自备个性化简历、面试前后保持一致的态度、有推荐信、保持良好的互动、提前到达、有良好的仪态、礼貌回应、诉求合理）。 2. 介绍面试十大减分行为（无故迟到、爽约、对应征岗位一无所知、面试中接打电话、有负面情绪、态度轻浮毛躁、亲人过度干涉、过于夸大自己的能力和优势、仪态差、不礼貌）
	15 分钟	1. 分析面试中常见的问题。 2. 介绍求职的工作内容。 3. 介绍过往的求学经历。 4. 介绍自己的性格特点。 5. 介绍未来的生涯规划和自我期许
实战初体验	20 分钟	进行问答式的自我介绍
综合活动	5 分钟	布置回家作业

第三节　职场礼仪

面试机会来之不易，如何在短暂的时间内使自己与众不同，让面试官印象深刻，从而成功获得工作机会，这是本节要学习的内容。需要注意的是，第二节主要介绍了一些原则性的规定，而本节将创设更多的模拟场景，以帮助学生通过实操掌握职场礼仪。

一、课程架构

职场礼仪课程有三大课程模块，包括求职礼仪、面试礼仪和模拟面试（见表5-7）。求职礼仪课程旨在让学生了解求职过程中必须遵循的礼仪和规则；面试礼仪课程旨在让学生掌握面试需要注意的礼仪要求，包括着装仪容、应答内容等；模拟面试课程将利用模拟的情境，让学生表现到目前为止自己在课堂中学习到的能力。

表 5-7　职场礼仪课程表

课程模块	课程主题	课程内容	开设学期
求职礼仪	初步了解求职礼仪	以简单易懂的语言介绍求职礼仪的概念和重要性，强调其对于成功求职的影响	职高三年级上
	职业着装与职场礼仪	教授学生职场着装规则，并解释不同着装风格的含义和适用场合；通过游戏或练习，教授学生正确的握手方式等，强调保持自然、自信的态度；教授学生基本的求职礼仪，如准时到达、礼貌问候、认真倾听等	
	言谈技巧与情绪管理	教授学生如何在自己的能力范围内回答常见的问题、展示个人优势等；通过讨论和实践活动，帮助学生识别和理解自己在求职过程中可能出现的情绪，如紧张、焦虑等，并教授他们一些简单的情绪调节方法	
	求职实践与反思	鼓励学生根据自己的兴趣和能力制订求职计划，对求职过程中的不足进行反思与改进	
面试礼仪	初步了解面试礼仪	简要介绍面试礼仪的概念和重要性，通过简单的描述帮助学生了解和掌握面试礼仪的基本知识	
	着装礼仪	根据学生的年龄、性别和面试岗位的特点，提供具体的着装建议	
	仪态礼仪	教授学生正确的坐姿、站姿和走姿，强调保持自信和自然的态度	
	情绪管理与心理准备	帮助学生识别和理解自己在面试前可能出现的紧张、焦虑等情绪，并认识到这些情绪是正常的	
模拟面试	面试实操	根据面试场景的需求，布置教室或指定区域，模拟真实的面试环境，组织学生实际完成一次面试流程，教师总结并点评	

二、课程实施

（一）"求职礼仪"课程设计

1. 课程目标

（1）认知目标：帮助学生理解求职礼仪的重要性，认识到其在求职过程中的积极作用。

（2）技能目标：教授学生基本的求职礼仪，包括简历准备、面试着装、言谈举止等方面的技巧。

（3）情感与态度目标：培养学生以积极、自信的态度面对求职过程，提升他们的社交技能和适应能力。

2. 课程内容安排

第一单元：初步了解求职礼仪（1课时）

（1）情景模拟：通过简单的角色扮演或动画视频，展示求职过程中可能遇到的场景，引导学生思考为什么需要遵守求职礼仪。

（2）概念讲解：以简单易懂的语言介绍求职礼仪的概念和重要性，强调其对于成功求职的影响。

第二单元：职业着装与职场礼仪（2课时）

（1）着装规则：教授学生职场着装规则，并解释不同着装风格的含义和适用场合。

（2）礼仪训练：通过游戏或练习，教授学生正确的握手方式等，强调保持自然、自信的态度；教授学生基本的求职礼仪，如准时到达、礼貌问候、认真倾听等。

（3）实操练习：让学生在实践中体验着装和仪态的重要性，并接受教师和同伴的反馈。

第三单元：言谈技巧与情绪管理（2课时）

（1）言谈技巧：教授学生如何在自己的能力范围内回答常见的问题、展示个人优势等。

（2）情绪管理：通过讨论和实践活动，帮助学生识别和理解自己在求职过程中可能出现的情绪，如紧张、焦虑等，并教授他们一些简单的情绪调节方法。

第四单元：求职实践与反思（1课时）

（1）求职计划：鼓励学生根据自己的兴趣和能力制订求职计划，包括选择目标职位、准备面试材料、模拟面试等。

（2）求职体验：如果条件允许，则可组织学生参加真实的求职活动或与企业合作进行模拟招聘。

（3）反思总结：引导学生回顾整个求职礼仪的学习过程，总结自己的收获和不足，为未来的求职做好准备。

3．教学策略

（1）直观教学：利用图片、视频、实物等直观材料帮助学生理解和记忆。

（2）分步骤指导：将复杂任务分解为简单步骤，逐一教授和练习。

（3）正面激励：注重正面激励和反馈，提升学生的自信心和积极性。

（4）个别指导：根据学生的个体差异提供个性化的指导和支持。

4．评估与反馈

（1）过程评价：关注学生在参与度、合作能力、技能掌握情况等方面的表现。

（2）实践评价：通过模拟面试、简历制作等实践活动评价学生的实际应用能力。

（3）自我反思：鼓励学生进行自我反思和总结，了解自己的优点和不足。

（4）同伴和教师反馈：提供同伴和教师的反馈意见，帮助学生发现并改进问题。

（二）"面试礼仪"课程设计

1．课程目标

（1）认知目标：帮助学生理解面试礼仪的重要性，知道在面试中应该如何表现自己。

（2）技能目标：帮助学生掌握基本的面试礼仪，包括着装、仪态、言谈等方面的技巧。

（3）情感与态度目标：培养学生对面试的积极态度和自信心，减少面试时的紧张感。

2．课程内容安排

第一单元：初步了解面试礼仪（1课时）

（1）活动引入：通过视频或图片展示不同场合的着装和礼仪要求，引导学生思考为什么需要遵守礼仪。

（2）理论讲解：简要介绍面试礼仪的概念和重要性，强调良好的面试礼仪可以给面试官留下深刻的印象。

（3）案例分析：选取正反两个案例，对比展示良好的面试礼仪和不当行为对面试结果的影响。

第二单元：着装礼仪（1课时）

（1）着装指导：根据学生的年龄、性别和面试岗位的特点，提供具体的着装建议。着装干净整洁、得体大方是基本要求。

（2）试衣体验：在条件允许的情况下，组织学生进行试衣活动，让学生亲身体验合适的着装带来的自信和舒适感。

（3）镜子练习：利用镜子让学生观察自己的着装效果，并进行必要的调整。

第三单元：仪态礼仪（2课时）

（1）仪态训练：教授学生正确的坐姿、站姿和走姿，强调保持自信和自然的态度。通过模仿和练习，让学生逐渐掌握仪态礼仪。

（2）模拟面试：组织模拟面试活动，让学生在模拟场景中实践所学的礼仪和技巧。教师可以扮演面试官，给予及时的反馈和指导。

第四单元：情绪管理与心理准备（1课时）

（1）情绪认知：帮助学生识别和理解自己在面试前可能出现的紧张、焦虑等情绪，并认识到这些情绪是正常的。

（2）情绪调节：教授学生一些简单的情绪调节方法，如深呼吸、积极思考等，帮助他们缓解面试前的紧张感。

（3）心理准备：鼓励学生保持积极的心态，相信自己的能力和价值。通过分享成功案例和正面信息，增强他们的自信心。

3．教学策略

（1）直观教学：利用图片、视频、实物等直观材料，帮助学生更好地理解和记忆面试礼仪知识。

（2）实践操作：通过试衣、模拟面试等实践活动，让学生在做中学，提升其实际操作能力。

（3）正面激励：注重正面激励和反馈，提升学生的自信心和积极性。

（4）个别指导：根据学生的个体差异提供个性化的指导和支持，确保每位学生都能掌握所学内容。

4．评估与反馈

（1）过程评价：关注学生在参与度、合作能力、仪容仪表、言谈技巧等方面的表现。

（2）模拟面试评价：通过模拟面试的表现，评价学生掌握面试礼仪知识的程度，并给予具体的反馈和建议。

（3）自我反思：鼓励学生进行自我反思，总结自己在面试礼仪学习过程中的收获和不足，为未来的面试做好准备。

（4）家长反馈：邀请家长参与课堂的某些环节，使其了解孩子的学习进展和表现，并给予反馈和建议。

（三）"模拟面试"课程设计

1. 课程目标

（1）技能提升目标：通过模拟面试的实践，帮助学生掌握面试中的基本礼仪、沟通技巧和应对策略。

（2）信心增强目标：增强学生的自信心，减少其面对真实面试时的紧张感，提升他们的心理素质。

（3）经验积累目标：为学生提供一次接近真实面试的体验，帮助他们积累宝贵的面试经验。

2. 课程内容安排

第一单元：课前准备（1 课时）

（1）知识回顾：简要回顾之前课堂中学习的求职礼仪、言谈技巧、情绪管理等方面的内容。

（2）场景布置：根据面试场景的需求，布置教室或指定区域，模拟真实的面试环境。

（3）角色分配：明确学生将扮演的角色（如求职者、面试官等），并分配相应的任务和职责。

（4）材料准备：准备面试所需的简历、问题卡片、评分表等教学材料。

第二单元：模拟面试实施（2～3 课时）

（1）分组进行：根据学生的能力水平和需求将学生分为若干小组，每组由一位或多位面试官和求职者组成。

（2）面试流程：

开场：面试官礼貌地介绍自己和企业，说明面试的目的和流程。

自我介绍：求职者进行简短的自我介绍，展示自己的基本信息和优势。

问题提问：面试官根据事先准备的问题卡片向求职者提问。问题应涵盖个人背景、技能特长、职业规划等方面。

回答与互动：求职者思考后回答问题，并与面试官进行互动。教师和同伴可以在一旁观察，但不要打扰面试过程。

结束：面试官感谢求职者的参与，并告知面试结果将在稍后公布（此处可模拟）。

（3）反馈与点评：

及时反馈：面试结束后，面试官立即给予求职者简短的反馈，指出其表现中的亮点和不足。

小组讨论：组织小组成员进行讨论，分享各自的感受和观察情况，分析求职者的表现。

教师总结：教师根据观察情况，总结模拟面试的整体效果，提出改进建议。

第三单元：课后反思与延伸（1 课时）

（1）个人反思：引导学生回顾自己的模拟面试经历，思考自己在哪些方面做得好、在哪些方面需要改进。

（2）经验分享：鼓励学生分享自己在模拟面试中的收获和感受，以及从同伴和教师那里学到的经验。

（3）职业规划：结合模拟面试的体验，引导学生进一步思考自己的职业规划，设定更明确的目标和计划。

（4）后续支持：为学生提供必要的后续支持，如简历修改、面试技巧提升等方面的指导和帮助。

3. 教学策略

（1）角色扮演：通过角色扮演的方式，让学生亲身体验面试过程，提升学习的趣味性和实效性。

（2）小组合作：利用小组合作的形式，促进学生之间的相互学习和支持。

（3）及时反馈：及时给予学生反馈，帮助他们纠正错误，提升面试技能。

（4）正面激励：注重正面激励和反馈，提升学生的自信心和积极性。

4. 评估与反馈

（1）过程评价：观察学生在模拟面试过程中的表现，评价其在礼仪、沟通技巧、应变等方面的表现。

（2）同伴评价：鼓励小组成员之间相互评价，提出建设性的意见和建议。

（3）自我评价：引导学生进行自我评价，反思自己的表现。

（4）教师反馈：教师根据观察情况，给予学生个性化的反馈和建议，帮助他们不断提升面试技能。

三、示教课例

面试着装仪容原则如表 5-8 所示。

表 5-8 面试着装仪容原则

课程小建议
将"人靠衣装"贯穿于本课程之中,向学生传授面试着装的遴选与搭配准则。可以引导学生根据上节课的内容、结合要面试的岗位选择着装,以此提升学生的面试成功率。 　　上课前告知学生,穿自己觉得得体的服装来上课,不进行具体说明,在课堂上检核学生的着装是否得体。 　　可以让学生讨论自己当天的着装是否符合求职者着装仪容的要求

教学目标
学生能理解"面试着装仪容原则",整理自己的穿着,注意自己的体态

教材教具
学习单——职场求职笔记(面试篇)着装

教学流程		
流程	时长	课程内容
激发动力	10 分钟	1. 检核上周作业。 2. 强调着装仪容对于求职的重要性。 (1)影片观赏:《求职面试大攻略》。 (2)引导说明和小组讨论
发展活动	45 分钟	1. 介绍求职者着装仪容的注意事项。 ・符合该企业的文化。 ・女性应化淡妆。 ・避免暴露(如穿低胸、露肩衣)。 ・穿深色服装优于穿休闲服装。 ・不背名牌包或佩戴过多的饰品。 ・指甲应干净整洁。 ・留意是否有体味和口气,适时使用口气清新剂。 2. 介绍求职者着装选择的原则:以西装为例。 (1)西装穿着要领: ・要拆除衣袖上的商标。 ・要熨烫平整。 ・要扣好纽扣。 ・要不卷不挽。 ・要慎穿毛衫。 ・要巧配内衣。 ・要少装东西。 (2)穿西装的禁忌: 一忌西裤过短(标准西裤长度为裤长盖住皮鞋)。 二忌衬衫放在西裤外。 三忌不扣衬衫扣。 四忌西装袖子长于衬衫袖子。 五忌西装的衣、裤袋内鼓鼓囊囊。 六忌领带太短(一般长度为领带尖盖住皮带扣)。

发展活动	45 分钟	七忌西装上装两扣都扣上（若是双排扣西装则应都扣上）。 八忌西装配便鞋（如休闲鞋、球鞋、旅游鞋、凉鞋等）
综合活动	5 分钟	布置回家作业

第四节　生活管理

　　有效的生活管理策略能使学生在职场中崭露头角、受人重用，在职场中生存依赖的是有计划、有效率的生活管理。

一、课程架构

　　生活管理课程有两大课程模块，包括时间管理和薪资管理（见表 5-9）。考虑到学生步入职场后，一开始可能无法很好地平衡时间、工作和生活的关系，同时其工作后会有自己的固定收入，需要使学生对收入有一定的概念，学会管理自己的薪资，知道怎样使用自己的薪资等，所以在课程上优先安排了两个课程模块，分别是时间管理和薪资管理，以帮助学生掌握步入职场的后续技能。时间管理课程能够教授学生合理安排工作和生活，并根据事件和情境规划作息、安排优先顺序，避免工作、生活出现冲突的情况；薪资管理课程旨在帮助学生监控自己的收支，学习理财规划，避免成为"月光族"，甚至入不敷出。

表 5-9　生活管理课程一览表

课程模块	课程主题	课程内容	开设学期
时间管理	时间管理的运用与实践	教授学生基本的时间管理技巧，如制订计划、设定优先级、使用计时工具等	职高三年级下至步入职场半年内
薪资管理	薪资的使用、管理与规划	教授学生理解薪资的概念、组成部分及其在生活中的重要性；培养学生阅读薪资单、识别关键信息、进行简单预算等实用技能；使学生能够更好地管理自己的薪资，进而提升生活质量和独立性	

二、课程实施

（一）"时间管理"课程设计

1. 课程目标

（1）认知目标：帮助学生理解时间的重要性，认识时间管理对个人日常生活和学习的影响。

（2）技能目标：教授学生基本的时间管理技巧，如制订计划、设定优先级、使用计时工具等。

（3）情感与态度目标：培养学生时间管理的意识和习惯，提升他们的自律性和责任感。

2．课程内容安排

第一单元：时间体验（1课时）

（1）时间概念回顾：利用时钟、日历等教具，向学生介绍时间的基本单位（秒、分、时、日、周等）和表示方法。

（2）日常时间体验：引导学生观察并讨论自己一天中的时间分配，如起床、吃饭、学习、玩耍等，让他们意识到时间在日常生活中的作用。

第二单元：时间管理工具与方法（2课时）

（1）计划制订：教授学生如何制定简单的日程表或待办事项清单，鼓励他们根据自己的需求和兴趣安排一天的活动。

（2）优先级设定：通过案例分析和讨论，帮助学生理解并学会设定任务的优先级，确保重要和紧急的任务得到优先处理。

（3）计时工具使用：介绍并演示沙漏、计时器、手机App等计时工具的使用方法，让学生在实践中体验时间管理的乐趣。

第三单元：实践与应用（3课时）

（1）模拟练习：设计一系列模拟场景（如准备上学、完成作业、安排休闲活动等），让学生在模拟场景中运用所学的时间管理技巧。

（2）小组合作：鼓励学生组成小组，共同完成一项时间管理任务（如策划一次班级活动），通过团队合作提升其时间管理能力。

（3）日常生活应用：引导学生将所学的时间管理技巧应用到日常生活中，如设定闹钟提醒自己按时起床、按时完成作业等。

第四单元：反思与调整（1课时）

（1）个人反思：组织学生回顾自己在时间管理实践中的经历和感受，分析成功和失败的原因。

（2）经验分享：鼓励学生分享自己的时间管理经验和教训，相互学习和借鉴。

（3）策略调整：根据反思结果，引导学生调整和完善自己的时间管理策略，以适应不同的生活和学习需求。

3. 教学策略

（1）直观教学：利用图片、视频、实物等直观材料，帮助学生理解和记忆时间管理知识。

（2）实践操作：通过模拟练习、小组合作等实践活动，让学生在做中学，提升其时间管理能力。

（3）正面激励：注重正面激励和反馈，提升学生的自信心和积极性。

（4）个别指导：根据学生的个体差异提供个性化的指导和支持，确保每位学生都能从中受益。

4. 评估与反馈

（1）过程评价：观察学生在时间管理实践中的表现，评价其在计划制订、优先级设定、计时工具使用等方面的能力。

（2）同伴评价：鼓励小组成员之间相互评价，提出建设性的意见和建议。

（3）自我评价：引导学生进行自我评价，反思自己的时间管理行为和成效。

（4）教师反馈：教师根据学生的表现给予具体的反馈和建议，帮助他们不断改进并提升时间管理能力。

（二）"薪资管理"课程设计

1. 课程目标

（1）认知目标：帮助学生理解薪资的基本概念、来源和重要性，认识薪资单上的各项内容。

（2）技能目标：培养学生阅读薪资单、识别关键信息、进行简单预算、管理个人收支的能力。

（3）情感与态度目标：增强学生的财务责任感，培养其合理的消费观念和储蓄习惯，提升其生活自理能力。

2. 课程内容安排

第一单元：薪资的基础知识（1课时）

（1）教学内容：

了解薪资的概念：介绍薪资是劳动所得的报酬，是我们生活花销的重要来源。

了解薪资的组成部分：通过图片或实物展示，介绍薪资单上的基本工资、奖金、津贴、扣除项等。

了解薪资的重要性：强调薪资对于满足日常生活需求、实现个人梦想的重要性。

（2）教学活动：

观看视频：观看与薪资相关的短视频或动画。

小组讨论：让学生分享各自对薪资的理解和期望。

模拟薪资单的制作：教师提供模板，学生尝试填写模拟薪资单。

第二单元：薪资单的解读（3课时）

（1）教学内容：

了解薪资单的结构：详细介绍薪资单上的各个部分及其含义。

识别关键信息：教授学生如何快速找到并理解薪资单上的关键信息，如净收入。

解答常见问题：解答学生在解读薪资单时可能遇到的常见问题。

（2）教学活动：

实地或模拟薪资单解析：教师提供真实或模拟的薪资单，引导学生一起解读。

个别指导：针对学生在解读过程中遇到的困难进行个别指导。

角色扮演：让学生分组扮演员工和HR（人力资源工作者），模拟薪资单的发放和解读过程。

第三单元：预算管理（4课时）

（1）教学内容：

了解预算的概念：用简单的例子解释预算是如何帮助我们规划和管理资金的。

制定预算：教授学生如何根据自己的薪资收入和日常生活需求制定简单的月度或周度预算。

调整预算：讨论在实际情况发生变化时如何调整预算。

（2）教学活动：

预算制定工作坊：帮助学生使用图表或记账本制订自己的预算计划。

模拟购物：指导学生进行模拟购物活动，并根据预算做出购买决策。

反思与调整：让学生分享自己的预算执行情况，讨论如何根据实际情况进行调整。

第四单元：消费与储蓄（2课时）

（1）教学内容：

理性消费：教育学生如何辨别必需品和奢侈品，避免冲动购物和浪费。

强调储蓄的重要性：强调储蓄对于应对紧急情况、实现未来梦想的重要性。

介绍储蓄方法：介绍简单的储蓄方法，如使用储蓄罐、开设银行账户等。

（2）教学活动：

案例分析：通过真实的消费案例，引导学生讨论如何做出明智的消费决策。

储蓄挑战：设置储蓄目标，鼓励学生参与储蓄挑战，记录并分享自己的储蓄成果。

实地参观：如果条件允许，则可组织学生参观银行或金融机构，了解储蓄产品的相关知识。

3. 教学策略

（1）模拟演练：设计一些简单的、学生能够理解的薪资管理的具体场景，如简单的薪资调整等，让学生扮演不同的角色进行模拟演练。

（2）个性化教学：针对学生的不同需求和兴趣，提供个性化的教学内容和方式。

（3）差异化辅导：在教学的过程中，关注学生的学习进度和表现，及时给予差异化的辅导和支持。

4. 评估与反馈

（1）课堂观察：教师在每个模块的教学过程中观察学生的参与度和理解程度。

（2）作业与练习：布置与每个模块相关的作业与练习，检查学生的学习成果。

（3）学生自评与互评：鼓励学生进行自我反思和相互评价，培养他们的自我认知能力和批判性思维。

（4）家长沟通：定期与家长沟通学生的学习情况，共同关注和支持学生的成长。

三、示教课例

时间管理如表 5-10 所示。

表 5-10　时间管理

课程小建议
工作计划的安排将直接影响工作的效率。因此，本课程将教导学生根据工作内容的轻重缓急，安排自己在不同时间、不同情境下的工作计划
教学目标
学生能根据情境判断解决问题的优先顺序
教材教具
学习单——时间管理表

续表

教学流程		
流程	时长	课程内容
激发动力	5 分钟	1. 检核上周作业。 2. 讨论时间管理的重要性
发展活动	50 分钟	时间规划及管理： 1. 求职面试前的时间规划。 2. 正式上班前的时间规划。 3. 上班日的突发状况。 4. 上班时的工作内容与时间规划
综合活动	5 分钟	布置回家作业
其他说明		
安排计划顺序的原则——重要及紧急的 N 字形法则。 重要的： 第一优先——既重要又紧急的事。 第二优先——重要但不紧急的事。 不重要的： 第三优先——不重要但紧急的事。 第四优先——既不重要又不紧急的事		

本章小结

　　培智学校职业转衔的职业指导课程实施是一个综合性的教学过程，旨在通过系统的职业指导教育和培训，帮助培智学校职高阶段的学生顺利实现从学校到社会的过渡，提升他们的职业适应能力和独立生活能力。本章从培智学校职高阶段的学生走上工作岗位的需求出发，针对学生的能力，采用真实的教学示例，结合职场的基本规则和基本要求，为学生设计了具有针对性的职业指导课程。希望通过本章内容的启发，培智学校能够系统地为学生设计具有针对性、实用性的职业指导课程，使学生能够了解职业世界、掌握求职技巧、规划职业生涯，为未来的就业和独立生活打下坚实的基础。

课后练习

　　请完成职业指导课程教学手册，要求每个模块至少完成 2 个课例的教案设计。

职业指导课程教学手册

教学设计

课题						
授课教师		授课班级		授课时间		
教学目标						
教学重点						
教学难点						
教学准备						
教学步骤						

教学反思与心得:

个案观察与训练情况记录表

个案基本信息					
姓名		性别		年龄	
班级		障碍类型		障碍程度	
个案典型 行为描述					
个案特殊教育 需求分析					
个案训练情况记录					
训练目标					
训练过程					

续表

训练效果	
后续建议	

教学设计反思

课程名称		课题名称	
参加人员		研讨时间	
研讨内容			
分析与评价			

第六章　职业转衔的支持体系

对培智学校的学生来说，职业转衔阶段的学校、机构和社会支持是他们从学校向社会过渡的非常关键的一个环节。在这个阶段，培智学校的学生不仅需要面对个人技能与兴趣的探索，还需要逐步适应社会环境的变化，建立起对未来职业生涯的初步构想。

学校作为这一转型过程的首要阵地，应当承担起更为细致和更加个性化的指导任务。学校可以引入更多模拟职场环境的实践活动，如模拟面试、工作坊、企业参观等，让学生在安全的环境中提前感受职场氛围，了解不同职业的工作内容和要求。这些活动不仅能帮助学生明确自己的职业兴趣，还能提高他们的沟通能力和团队协作能力，为将来顺利融入职场打下坚实的基础。

同时，机构的支持也至关重要。教育机构、康复机构和社会组织应加大对培智学校职业转衔的投入，建立健全的职业指导服务体系。相关机构可以设立专门的职业咨询团队，为每位学生提供一对一的职业生涯规划服务，根据学生的个人特点、兴趣及能力，量身定制职业发展方向。此外，还可以建立校企合作机制，为培智学校的学生搭建实习实训平台，让他们在实践中学习技能、积累经验。

在社会层面，应营造出更加包容和支持的氛围。媒体应加大对培智学校学生成功转衔案例的宣传报道，提高社会对这一群体的认识和接纳度。社会各界也应积极履行社会责任，为培智学校的学生提供平等的就业机会和广阔的发展空间。通过多方努力，共同构建一个无障碍的就业环境，让每位学生都能在未来的职业生涯中绽放光彩。

第一节　职业转衔的心理支持

对培智学校的学生来说，从义务教育阶段向职业教育阶段转变是一个重要的压力源事件，包括学业难度增加、青春期生理与心理变化、就业相关压力增加等。因此，社会各界应重视对学生进行情绪疏导和心理干预。培智学校的学生在步入职场后，需要融入新的职场环境，在最初的适应过程中会出现一些与同事、顾客相处或交流沟通的问题。此时，需要对其进行一些入职后的跟踪指导与引导，为他们提供心理支持。从心理辅导的技术上说，传统的一对一对话访谈对受助者的认知水平与自我成长驱动力等有一定的要求。然而，培智学校的学生在认知水平与自我成长驱动力等方面相对薄弱，难以适应这种访谈模式，因此其更适合浅层的情绪疏导，包括团体心理辅导、沙盘游戏治疗、绘画治疗。

一、团体心理辅导

团体心理辅导是解决因残障引起的社会和情绪问题（如关键的生活过渡期问题、生存问题和偏见）的一种重要的方法。培智学校的学生经常因外貌形象、个人能力和社会关系的改变而加剧这些问题。有些人不适应集中、深度、长期的个体心理治疗，而对团体心理辅导则并不排斥（Spitz&Spitz，1999）。当然，对培智学校的学生进行团体心理辅导有一定的特殊性，其中包含一定的教育引导色彩。

在学生最初入职的一段时间，就业辅导员（职业转衔机构的辅助人员）需要对学生进行一段时间的跟踪与指导，以便及时了解他们的职场适应情况，并予以积极的行为支持与情绪疏导。

（一）团体的建立

团体的建立在时间和地点上应是稳定的，咨询师在其中应承担起维系责任。咨询师在成员筛选和事前准备上的专业能力将大大地影响团体的命运。一般来说，理想的互动式治疗团体规模以 7～8 人为最佳，而 5～10 人也是一个可以接受的范围。团体人数的下限其实取决于到底有多少人处于危机中，并需要被集合起来组成一个互动式治疗团体。

由于我们设定的心理干预场景是为学生提供与职场不熟悉的同事和陌生顾客之间的互动，所以可以在团体中进行角色的设定与划分，从真实的场景出发进行团体心理辅导。

（二）活动设计与实施

培智学校的学生刚走上工作岗位，面临的因生活改变而产生的压力可能包括以下几个方面：生活规律改变、身体健康问题，独立性、隐私性、自主性和控制性，日常角色的自我意识和实现，生活目标和未来规划，与家人、朋友和同事的关系，对不熟悉环境的适应能力，经济收益等。在感受到上述压力时，学生的情绪极有可能崩溃。下面以情绪主题的团体心理辅导设计为例进行具体的活动设计说明。

情绪魔盒

情绪在人们的生活中起着重要的作用，是人际交往的一种信号。积极情绪有助于人们适应社会，提高学习和工作的效率。但是，曾有学者研究过，在人类形容情绪的词汇中，有2/3都是消极意义的。而培智学校的学生对消极情绪的掌控力相对较弱。因此，相关人员需要通过认知和行为调整帮助学生梳理日常生活中的情绪感受，并从认知调整的角度对事件、看法与情绪之间的关系进行说明，从而让学生学会怎样做才能拥有更多的积极情绪。

1. 活动目的

此次活动的目的是让学生学会通过改变认知来消除消极情绪；认识消极情绪对生活、学习的危害，懂得消极情绪是可以缓解和转变的；了解事情、看法与情绪之间的关系；学会从更加积极的角度看问题，拥有更多的积极情绪。

2. 活动材料

一段川剧变脸视频、一张表情图片、若干张心情晴雨表（每人一张）、一个潘多拉魔盒。

3. 活动关键词

积极情绪和消极情绪。

4. 活动步骤

1）导入——变脸

（1）视频播放：川剧变脸。

（2）变脸：首先，向学生出示愁眉苦脸、不开心的表情图片，请学生在座位上演示这个表情，并思考这个表情表达了什么情绪，最近什么事情让自己有了这样的情绪，这一情绪对自己产生了哪些影响，如何将这张愁眉苦脸的脸变成一张开心快乐的脸。

随后，教师将表情翻转成笑脸，请学生思考最近什么事情让自己有了这样的情绪。

最后，请学生概括以上两种情绪的区别，教师将区别写在黑板上。

（3）教师总结：我们将偏向正面的感受和有利于身心健康的情绪称为积极情绪；相反，将偏向负面的感受和不利于身心健康的情绪称为消极情绪。消极情绪不仅会给自己带来困扰，而且会给身边的人带来不愉快。

2）情绪传染圈

请学生围圈而立，先将快乐的情绪表现出来，再由教师逐步说出怒、哀、乐等指令，请学生表达，作为游戏的热身。

（1）情绪接龙：教师率先确定一种情绪，随即通过自身的动作、表情和声音协同展示，同时走向一位同学并替换其位置。被选中的同学需要承接该情绪，以自身独特的动作、表情和声音组合予以延续，接着走向另一位参与者并完成位置的更替，依此方式将该情绪逐步传递下去。待每种情绪历经六七位同学的传递后，教师再引入新的情绪种类，在这个过程中需要充分考量情绪的不同强弱程度及丰富多样的表现形式。

（2）情境递情：教师预先设定各类不同的情境，如获得小奖品、赢得大奖、邂逅心仪之人、遭遇考试失利等。活动开展方式与之前大体相同，不过在此过程中，被感染情绪并替换位置的同学能够依据自身感受对情绪加以变化，展现出在特定情境下自身会产生的独特情绪反应。进行六七轮之后，教师更换至下一个情境，在此期间需要重点关注学生针对同一情境所表达出的情绪差异与变化情况，以便深入了解学生的情绪感知与表达特点，为后续教学与引导提供有力的依据。

（3）围坐论情：大家讨论自己在不同情境下产生的情绪、自己的情绪表达是否适当、有没有表达错情绪、自己的情绪是否受别人的影响、自己的情绪对别人的影响、平日自己处理情绪的方法等。

（4）教师总结：同一件事，从不同的角度去看，就会看到不同的东西，从而拥有不同的心情。人之所以会有不同的情绪感受，是因为经历的事情不同吗？实际上不是，而是因为不同的人对同一事情的看法存在差异。教师在黑板上写下：事情、看法、情绪三者之间的关系。那生活中的你呢？是否具备灵活地转换自身看待问题的视角，从而将忧愁转化为喜悦的能力呢？

3）心情晴雨表

请学生根据每周的心情，记录并填写心情晴雨表（见表6-1）。

表6-1　心情晴雨表

情绪	行为反应	结果	其他反应方式
生气	打人	受到惩罚	可以回家打枕头
伤心	一个人哭	更加伤心	找家人和朋友倾诉，品尝美食

心情晴雨表如实记录了学生每周的心情。如同天气会呈现阴晴风雪等不同变化一样，我们的心情有所波动也是常态。然而，如果长期处于消极情绪之中，就会对我们的身心健康造成不良影响。唯有那些能够长期保持积极情绪，且掌握了调控自身情绪诀窍的人，才能生活得更加舒心。

圈出心情晴雨表中的消极情绪，看看在你的一周生活中，消极情绪有没有超过积极情绪。

4）快乐连连看

请学生试着把下面的场景与情绪连接起来。

被批评了	不要生气，懂得矛盾无处不在
跟同学闹矛盾了	不要伤心，理解父母、老师的苦心
做错事了	不要内疚，这是成长的第一步
被误会了	不要委屈，学会吃一堑，长一智

5. 情绪调控法

介绍情绪调控法的具体方法。

（1）表情调节法：一般而言，人的表情是对外交流的窗口，能较灵敏地反映一个人的身心状态。反过来，表情的改变也会使内心的情绪状态发生相应的变化。不妨皱皱眉做愁苦状，你能体验到愉快吗？再请你舒展眉头、翘起嘴角、弯起眼睛做微笑状，你的体验和刚才皱眉时的体验一样吗？有意识地改变自己的姿态或表情以调节情绪的方法叫作表情调节法。

（2）行为改变法：大家都有这样的体验，如果有高兴的事，脚步就会变得轻快，甚至哼起歌；而忧郁或心里有些不安时，一定会闷闷不乐，脚步也变得沉重，甚至无精打采。有意识地改变行为，就会激发心中的活力，从而使心情开朗起来。

（3）内心微笑法：真诚的微笑能够表达自己和他人的爱的力量。发自内心地对自己微笑能激发自身的能量，为取得好成绩做准备。

二、沙盘游戏治疗

沙盘游戏治疗是以荣格心理学为基础，由多拉·卡尔夫发展的心理疗法。它是运用意象（积极想象）进行治疗的创造性形式，是"一种对身心生命能量的集中提炼"（荣格）。其特点是在医患关系中，在"自由与受保护的空间"中，将沙、水和沙具运用于意象创造，运用沙盘中的系列意象构建出沙盘游戏者心灵深处的、意识与无意识之间的持续对话，并由此激发治愈过程，促进人格发展（国际沙盘游戏治疗学会，2005）。

（一）沙盘游戏治疗的一般过程

1. 创造沙盘世界

治疗师应先创造一个安全的、受保护的、自由的空间，并使支持对象形成一种积极的期待。

如何向支持对象介绍沙盘呢？有以下两种说法可以参考。可以用自己的方式介绍，但不要热情"推销"沙盘，否则会让对方感觉不好意思。

看看架子上有什么东西让你有感觉，有什么东西好像有话要对你说，你可以把它们放到沙盘里。

——多拉·卡尔夫

这些"小玩具"都是用来做沙盘游戏的模型。有各种各样的动物，也有许多不同种类的植物；有不同民族、不同身份和不同动作的人物，也有各种文化和宗教背景的模型；有各种交通工具，也有许多建筑材料和家庭用品；等等。

这里是两个沙盘，一个是干的，另一个是湿的。湿的沙盘可以放水，这样容易在沙盘上做出各种造型。两个沙盘的底面都是天蓝色的（治疗师可以用手扒开沙子，露出蓝色的底面；也可以邀请支持对象触摸一下沙子，同时观察他的反应）。

——申荷永，高岚《沙盘游戏：理论与实践》

另外，安全的、受保护的、自由的空间是沙盘游戏中最重要的治疗因素。治疗师应做好充分的准备去接纳、承受并包容支持对象的整个沙盘游戏过程。支持对象在这个过程中的感受应是安全、受保护和自由的。在整个沙盘游戏治疗过程中（不仅是在构建阶段）治疗师都应如此。

2. 体验和重建沙盘世界

体验沙盘世界就是让支持对象充分地体验沙具摆放过程中的感受。在支持对象思考场景时，治疗师只需静静地坐着，不要加以干涉，因为这是其加深体验的时刻。重建沙盘世界就是告知支持对象可以对沙盘世界做些改变或保持原状，并留出时间给支持对象去体验改变后的沙盘世界。

3. 治疗阶段

治疗从浏览沙盘世界开始，治疗师应先向支持对象请求浏览他的沙盘世界，在此过程中注意收集支持对象的语言和非语言线索，避免碰触到沙盘，并鼓励支持对象停留在被激发的情绪中，使其感受情绪的波动，以获得疗愈。这个阶段的治疗方法包括：询问支持对象关于沙盘世界的一些问题，只反映支持对象涉及的事情；把焦点放在沙盘中的物件上；选择使用治疗性干预的方法，如完形技术、心理剧、心象法、回归法、认知重塑、艺术治疗和身体觉察，以呈现沙盘世界中更多的改变。

4. 记录沙盘世界

治疗师应在支持对象的同意下为他的沙盘世界拍照，以备将来参考。

5. 连接沙盘游戏体验和现实世界

这是意义形成的阶段，能够帮助支持对象理解和应用那些通过沙盘游戏而变成意识层面的领悟。治疗师应将沙盘游戏体验同支持对象的现实世界连接起来，询问支持对象沙盘中的事件如何反映他的生活。

6. 拆除沙盘世界

在沙盘游戏治疗中，"拆除沙盘世界"是一个重要且具有特定意义的环节。当整个沙盘游戏过程接近尾声时，通常会有拆除沙盘世界这一步骤。它象征着一种结束与回归，意味着支持对象需要从借助沙盘构建的内心世界、所呈现的意识与无意识对话场景中抽离出来，回归到现实状态。

（二）沙盘游戏治疗的注意事项

1. 注重过程

在创作时要注意，与最后的沙盘相比，更重要的是做沙盘的过程。治疗师要关注沙盘的味道、氛围，以及支持对象在这个过程中的情绪、情感。对支持对象来说，治疗师很容易就能激发其内在的权威、父母原型意象，使其产生移情。因此，治疗师要非常谨慎地进行语言和行为的干预，避免在支持对象创作过程中急于拍照，因为对支持对象来说，创作过程中的沙盘意象才是最重要的。

2. 记录要点

在沙盘游戏开展期间，治疗师需要全程悉心观察并深刻感受支持对象的创作过程，翔实记录关键要点。待支持对象完成沙盘创作后，治疗师应与其共同深入感受、展开讨论，进而进行分析与理解。记录的要点涵盖如下方面：支持对象开始创作沙盘的契机；沙盘创作在何种情境下结束；支持对象对沙盘秉持的态度是喜爱、厌弃还是其他；创作过程中是否加水，选用的是湿沙还是干沙；沙具是如何被留意并选定的，其间有无更换情形；沙具挑选与摆放的先后次序；沙具在沙盘内所处的大致方位；支持对象的自我讲述及内心感受；支持对象在创作过程中的动作特质、语言表达或非语言行为表征；此次咨询终结的方式；治疗师的直观印象和身心层面的感受、体会。

3. 遵循原则

分析沙盘需要遵循以下原则。

（1）从安全的点入手开始工作，再适当触碰创伤的点（支持对象对安全点的防御心理会差一些）。

（2）关注能量点，如支持对象的资源和自愈力。

（3）关注支持对象创作时花时间比较多的点。

（4）关注被更改过的点（沙具或场景）。

（5）关注引起支持对象较明显的情绪和情感反应的点，或者引发支持对象较多联想和感受的点。

（6）关注其间构成了有联系、有意义场景的沙具。

（7）关注距离支持对象比较近的点。

（8）关注支持对象目光专注的点。

（9）关注发生了移情的地方，如右下角、治疗师面前。

（10）关注沙盘的中央位置和面积最大的地方。

（11）关注明显突出的地方，如沙具最高的地方。

（12）关注奇怪的、不合常规的地方。

（13）关注有明显方向感的地方。

（14）关注连在一条线上的沙具，如对角线。

（15）关注有创伤的地方（尽量小心，不要急于碰触）。

（16）关注治疗师感受强烈的地方（内心感受及身体感受）。

（17）关注被埋在沙子中的点或被放入柜子中的点。

（18）关注空着的，没有摆放沙具的沙盘空余地。

4. 交流与互动

在沙盘创作完成之后，可以跟支持对象一起看一看，一起感受一会儿，等待感受或意象升起。之后，询问支持对象的体验、感受或想法，据此确定如何开展提问。

针对沙盘的提问有以下几个原则。

（1）多问开放性的问题，尽量少问封闭性的问题。

（2）注意在问话中避免使用暗示性的、引导性的词语。

（3）多问引发支持对象感受、体验、联想、表达的问题，不要问已经被治疗师"先入为主"的假设性问题。

（4）在交流的过程中，应着重留意各个问题之间的过渡，使其衔接自然流畅，并悉心体会其中潜藏的内在联系。若忽视这一点，便容易出现东一榔头，西一棒槌的提问方式。如此一来，治疗师就会在提问的过程中感到愈发困惑，而支持对象也极有可能因此产生烦躁情绪。

（5）有时候，如果所问和所言的内容跑题，就要注意适当地拉回来，但也不是必须立刻拉回来。

（6）沙盘互动更多的是无声交流，所以提问比较谨慎。以下列举了一些专注感受的提问方法，以便将支持对象引导到当下。

看看这个人，你觉得他在做什么？他能让你想到谁？现在看着这个人，你有什么感觉？

如果你是他，你在做什么？在想什么？

仔细看看他，他在做什么？在想什么？

关于沙盘中的这个××，愿意跟我分享点什么吗？

这里是什么地方，发生了什么？这是一个什么样的故事，可以讲讲吗？

看着这个场景，你有什么感觉，会想到什么？如果与你自己的生活、经历相联系，你会想到什么？

你在其中吗？你在哪里？哪一个是你？

你在创作沙盘的过程中有什么感觉？现在感觉怎么样？

看着这个沙盘，感受一会儿，看看心里会有什么感觉。

如果让你给沙盘取个名字，你会取什么名字？或者让你用简单的话来概括和描述一下，你想用这个沙盘表达什么？

用这样的命名和概括，你想表达什么，可以再谈谈吗？请感受一下这个名字和这个沙盘带给你的感受，把这些感受放在心里，也放在身上。

在沙盘游戏治疗临近结束时，治疗师应尽量在平静或较为积极的感受中结束本次工作（以自然而然结束为宜），并且对所选择的点进行深入了解，而不是泛泛而谈，注意详略处理，与支持对象感同身受，在有限的咨询时间里不必面面俱到。治疗师应通过感受、体验来工作，从沙盘世界到身心世界再到现实世界形成连接，将支持对象拉回现实世界。

三、绘画治疗

培智学校的学生步入职场后，由于认知水平受限、社会适应能力不足，因此可能在与顾客、同事的交流与沟通过程中出现一些意想不到的情形。当遭遇顾客的斤斤计较与严苛指责时，其内心往往会承受一定的心理压力，进而产生逃避心理，既不愿直面这种困境，也不想主动寻求外界的援助，致使自身陷入孤立无援的境地，徒增烦恼与困扰。在关注到这些情况出现时，我们需要及时给予干预。此时，非语言的沟通方式可以起到更好的支持与干预效果，如通过绘画治疗的形式了解和走入他们的内心世界。目前比较常见的绘画治疗形式有画人测验、房—树—人测验、家庭动态绘画等。

虽然形式不同，但它们都是通过解读绘画过程和绘画作品对测验者的心理内容及情绪进行分析和干预的。

（一）绘画治疗简述

早期，画人测验作为一种智力测验的方法被尝试使用。古迪纳夫（Goodenough，1926）发展了画人测验的年龄常模，将绘画与个体的心理年龄（不是生理年龄）联系了起来，提出了绘画可以作为智力测验手段的一种假设，发展出绘画测验工具。古迪纳夫的评价指标包括人物形象的细节数量、身体各部分比例的正确性、线条流畅性、动作协调性等，通过综合评价来确定个体的智力水平。他还发现，画人测验不仅可以揭示智力的高低，还可以揭示个体的人格特点，这种观点也被后人广泛研究和验证。研究者认为，个体的人物画可以提供有关个体自身的重要信息，以及个体对他人的知觉。因此，除使用画人测验评价智力水平外，许多研究者还开始将个体画作为测量个体发展和人格特点的一种方法。

到了 20 世纪 40 年代，绘画作为一项心理表征的手段，已经被大部分人认可。绘画提供了一种手段，可以让个体表达出用语言难以准确表达的信息，投射出人的心理状态，因此大量的绘画投射测验被开发出来。比如，巴克（Buck，1948）的房—树—人测验（HTP）。他认为，"房子"能反映家庭或家庭成员的相关信息和问题，"树"能表现个体心理发展及其对环境的感受；研究者可以通过分析个体是否画房子、树、人，以及画中的细节、比例、透视、颜色，对画作进行分析。还有马考文（Machover，1949）的画人测验，这是基于精神分析理论的假设。他假设个体所画出的人，与本人的冲动、焦虑、冲突和补偿的特点密切相关。从某种意义上说，个体所画出的这个人就代表了其本人，而画纸就代表了环境。马考文认为，画面上所呈现的人和其他细节有一定的象征意义。

（二）绘画治疗的实施过程

治疗师应根据所选用的绘画治疗形式准备所需工具（空白纸及画笔），选择合适的场地（安静舒适的封闭房间，有合适的桌椅），以及分别采用适当的指导语引导学生进行作画。

1. 画人测验指导语

请用画笔画一个完整的人，不能是外星人或卡通人、火柴人，而是正常的人。对绘画时长不做要求，但必须认真作画，画得不满意的地方可以涂改。

2. 房—树—人测验指导语

请用铅笔或蜡笔认真地画一处房屋，任何结构的房屋都可以；认真地画一棵树，任何树都可以；认真地画一个人，注意不要画漫画人和火柴人，只要认真地画就可以了。自己觉得画得不满意可以修改。对绘画时长没有特别限制，注意不要用尺子作画。

3. 家庭动态绘画指导语

画出你家庭中的每个成员，包括你自己正在做的某件事或从事的某项活动。

除以上经典的绘画治疗形式外，根据个体特点也可以使用更多的创意作画形式，如手指画、指纹画、吹画、胶画、沙画、粉笔画等，以激发学生的绘画兴趣，进行主动创作和情绪释放为目的。在遇到学生对绘画本身有所抵触时，应关注抵触背后的心理原因，根据情况选择合适的干预方法，可以放弃绘画治疗，选择其他学生更感兴趣的方式，如沙盘游戏、音乐、跳舞等。

（三）绘画心理分析

如同蒂丽奥（Tirio）所说："画的象征意义不能用统一的标准来衡量，画的象征性可以很宽泛，但是其意义因人而异。一幅画可能传达某种新的信息，也可能在论证我们已知的某件事情。但是如果不考虑与画相关的背景，就无法真正理解一幅画的含义。"美国心理学家认为，在初次观察一幅画时，必须先弄清楚孩子在画画时的发展状态，了解孩子的个性，考虑他们有哪些独特的经历，以及现在的生活情况。只有基于这样的前提认识，才能开始对一幅绘画作品展开谨慎分析和解释。因此，在对绘画作品进行分析之前，需要关注以下几个中心问题。

（1）这幅画要向我传达一种什么样的感受？

（2）可以发现这幅画有什么特点？

（3）画的中心是什么？

（4）是否还缺少什么？

（5）可以发现哪些隐藏的含义？

（6）画面上物体的大小、形状和运动的方向是怎样的？

（7）这幅画中是否存在不同的视角、省略、明暗色调的表现法、弧形、圆圈、下画线、笔迹、透明处、反面、歪曲的图形等？

（8）有哪些内容经常被重复？

（四）常见的行为与干预措施

了解学生在绘画过程中常见的行为，有助于我们理解不同行为背后的意义。比如，针对以下行为，要结合背景及其产生的原因、影响进行综合分析和干预。

1. 抵触绘画

有时会遇到学生不愿意画画，抵触绘画的现象。出现这种现象的外部原因可能是绘画材料本身的问题，如颜料太干、蜡笔断了、材料选择太少等，挫伤了学生绘画的积极性。因此，应该注意为个体提供丰富且高质量的绘画材料，并且激发他们主动使用的欲望。出现这种现象的内部原因可能是学生感觉到在绘画中没有安全感，或者缺乏自信心，产生了威胁和焦虑情绪。这样的抵触情绪体现了学生较强的防御心理，也反映了他们在真实生活情境中的行为模式。面对这样的个体，需要设计一些热身活动，如画卡通画、补充涂鸦、画思维泡泡等，以激发学生对绘画的兴趣。当然，也可以放弃绘画，选择其他的治疗形式，如做黏土、手工等。

2. 对待绘画材料的不同反应

对待各种各样的绘画材料，个体所表现出的不同反应也能反映个体的个性特点。比如，遭受过暴力的个体在使用绘画材料时常常保持持续的警觉和恐惧，害怕以前经历过的创伤再次出现。当一个受过虐待的个体将盛满颜料的容器打翻时，他会非常害怕权威人物的反应。打翻颜料是不经意的事件，但会引发个体对暴力事件的回忆，使其产生焦虑和恐惧情绪。

个体选择绘画材料的类型和使用绘画材料的方式，也能说明他们的个性特点、情感类型和情感强度。比如，有些学生喜欢在画手指画时把颜料涂在自己的衣服上，弄得满身都是；有些学生则尽量避免接触颜料；有些学生喜欢尝试所有的材料，探究每种材料的用途；有些学生可以用相同的材料画上几个星期。

个体在作画时的反应也各不相同。有些学生喜欢把所有材料都抢到手，拒绝分享；有些学生只选择一两种材料，就不再要求更多；有些学生精力充沛、好奇心强，从一种材料用到另一种材料，也完成不了绘画任务；有些学生总是慢条斯理，光是画人物脸上的一小部分就要花很长时间。

3. 情感宣泄

情感宣泄是指泼、敲、扔、揉、捏绘画材料等行为，这些行为表明被压抑的情绪得到了释放或失去了控制，是释放情绪的一种途径。这时候的绘画并不是要完成一幅作品，而是要发泄某种情绪。对于行为保守、喜欢外部控制的学生，可以提供支持性的环境让其随意发泄情绪；而对于有情绪控制困难的学生，则需要使用更为保守的材料，帮助其收敛情绪。

4. 防御性绘画

防御性绘画是指个体无法在自己的作品中自由表达情绪的行为。当学生想对自己的冲突和消极情绪做出反应时，就可能刻板地临摹、描绘轮廓或重复没有新意的普通图案，而不愿意详细描绘其他事物。对于这样的行为，有些研究者认为需要接受和认同，因为这样的行为对一些孩子来说是有含义的；而有些研究者则认为应当鼓励其进行更加创新和大胆的作画。

编者认为，无论是情感宣泄式的绘画还是防御性绘画，都与个体当下的心理状态及其成长经历、性格特点有关，不能教条地判断应该如何解读和应对，而应收集尽可能多的背景信息，在建立信任关系的前提下给予个体适当的分析和引导。

第二节　职业转衔的社会支持

培智学校的学生获得的社会支持主要是为其提供帮助的各类社会资源。关于社会支持的提供主体，国内学术界至今尚未形成统一的认识。侯越认为，将社会支持的提供主体界定为"社会网络"比较恰当。也有学者指出，社会网络是个体间的社会关系构成的相对稳定的体系。可见，社会网络实质上是一套社会关系体系。在这套社会关系体系中，个体与个体、个体与群体之间存在着一定的关系。将这些理解具体应用到残疾人社会支持上，就可以认为，与残疾人的教育、就业、康复、文化、社会保障等联系紧密且具备相关职责或功能的个体、群体就是残疾人社会支持的提供主体。例如，残疾人的家庭、用人单位、残联、学校、社区等，这些都与其息息相关，能够基于其主要需求提供不同的支持内容。本节从家庭支持、学校支持、社区支持、朋辈支持四个方面进行阐述。

一、家庭支持

培智学校的学生具有认知功能缺损、生活技能较弱等特点，在接受教育的过程中比普通学生更依赖家庭成员的支持和帮助。此外，从培智学校学生的社会关系网络来看，因其社会参与能力不足、社会关系网络较差，故其求助对象也主要是家庭成员。家庭作为强关系系统，既为其提供工具性支持又为其提供情感性支持。具体来说，包括情感性支持、家庭教育、经济支持和生活照料等。

（一）情感性支持

人们在感受到压力时会产生不同程度的失眠、头痛、情绪压抑、悲伤和焦虑、身体机能老化，严重时还将诱发其他重大疾病风险。对培智学校的学生来说，其社会参与能力和沟通能力不足，容易与人产生沟通障碍，使其因情感性需求得不到满足而自卑，甚至产生情绪与情感障碍等继发问题，不利于求学及发展良好的人际关系。家庭作为学生最重要的支持系统，在学生的情绪、情感支持和精神鼓励方面起到重要的支撑作用。缺乏安全感，紧张和焦虑不仅是学生的心理负担，也是其他家庭成员的压力认知与支持的心理反应，一些家庭的生活质量和幸福感会随着家庭成员的压力升高而下降。因此，家庭成员自身的压力释放和情绪缓解问题也应该得到重视。

（二）家庭教育

家庭作为学生社会化训练的"第一站"，具备基础的教育功能，但目前残疾家庭的家庭教育仍然存在很多问题。解决当前这些问题，成为解决此类学生家庭教育难题的突破点。

首先，家庭教育观念错位。相比很多发达国家，我国残疾孩子的家庭教育缺失，不利于残疾孩子的健康成长。特别是在经济发展较为落后的地区，家长的受教育程度不高，对孩子的家庭教育更少，还存在认识上的不足。调查发现，如果一个家庭中有了残疾孩子，则该家庭一般会在生活上对孩子关注较多，而在教育上则不太重视，即使有家庭教育，也存在教育不足的问题。由于教育水平有限等原因，家长普遍认为残疾孩子的教育问题应该由学校教师开展，而其自身能力不够，且时间、精力都有限。

其次，家庭守护职能缺位。一般情况下，对家长来说，养育孩子虽然劳累辛苦，却是一件幸福美好的事情。然而，对残疾孩子的家长而言，守护与陪伴则要付出更多的努力，还要承受不小的压力。残疾孩子家长的压力主要来自五个方面：个人家庭问题、经济负担、终身照顾、缺乏成就感、过分保护。正是由于有这么多的压力，有些家长在照顾残疾孩子时才会产生将其遗弃的念头。而缺失家庭这一重要主体的守护，自然会对残疾孩子的社会融合产生一定的消极影响。

最后，家庭社会化训练的影响。残疾孩子自身在心理或生理上存在障碍，制约了其社会化进程，给其社会融合造成障碍。家庭作为学生社会化训练的"第一站"，对残疾孩子的社会行为规范和道德价值观的启蒙有重大影响。自古以来，社会中就有某些人对残疾人存在一定的偏见，如果在进入社会前的家庭训练中家人没有及时对残疾孩子进行疏导和培养，那么在进入社会时其心理就容易受到不良的影响，从而导致残疾孩子形成错误的价值观和世界观，不利于其社会融合的顺利进行。

（三）经济支持

经济支持主要包括金钱支持和其他物质支持。学生的医疗与康复需求、生活保障需求、教育相关支出等，都离不开家庭的经济支持。家庭的经济实力与支持意愿决定着学生的需求是否能够得到及时满足。

（四）生活照料

培智学校的学生进入职高阶段后，具备了一定的自理能力，但依据残疾程度的不同，往往仍然需要家庭给予一定程度的生活照料。照料的压力与责任会给家庭成员带来一定的困扰，包括情绪与情感上的困扰、资源和精力的匮乏等，这为家庭关系的和谐及成员间的合作带来一定的挑战。

二、学校支持

对培智学校的学生来说，学校支持主要体现在教育支持上，除了常规的教学支持，还包括环境营造和就业相关支持。其中，环境营造包括支持性心理环境营造、尊重与自我实现的环境营造。

（一）支持性心理环境营造

培智学校应积极营造支持性心理环境。积极行为支持理论强调，个体的问题行为与其所处的环境存在密切的联系，因此改善个体存在的生态环境将有利于个体的良性发展，这种生态环境包括在周围环境中保持积极、支持的态度和行为。教师应与学生建立良好的社会关系，营造温暖与鼓励的环境，敏感地觉察并满足他们的特殊需要，给予其选择与控制的机会，促进其人际交往与社会关系的建立，使其能够被同伴接纳，从而产生正向的沟通和互动，体验到群体的归属感。同时，还要为其提供适合其能力和需要的学习与训练机会，使他们的生活模式正常化，充分激发他们的潜能。

引导学生建立友谊，须建立在了解和接纳的基础上，包括对学生的各项特质、行为方式、优势弱项等方面的了解。教师应为学生建立"自然支持来源"，使学生建立和谐有效的同伴关系，并在教学活动、生活休闲中发挥朋辈支持的作用，帮助学生更好地实现团体融合。这种"自然支持来源"的建立，不仅能提升学生的安全感和归属感，给予学生足够的心理支持，还能增加学生与他人的互动与交流机会，使其得到能力的锻炼，为实现大环境的融合做好准备。

（二）尊重与自我实现的环境营造

除支持性心理环境外，营造尊重与自我实现的环境也尤为重要。在马斯洛需求层次理论中，尊重与自我实现的需求属于高层次的需求。尊重需求既包括对成就或自我价值的个人感觉，也包括他人对自己的认可与尊重。自我实现的需求是在前四项需求得到满足后衍生出来的新需求，如实现自我、发挥潜能等。在满足学生的高层次需求过程中，教师需要引导学生进行两个方面的转变：一是从缺陷模式到赋权模式的转变，二是从被决定到自我决定的转变。

　　教师应该让学生认识到"每个人都是有价值的"，让学生发掘和欣赏自己与他人的价值。另外，教师应该具有正确的观念，珍视每位学生的独特性而不仅仅局限于他们的障碍，并且切实采取行动来提升学生的自我认同感。由于生理和心理的限制，培智学校的学生可能自我概念较弱、自我预期不佳。例如，有些学生在学业上的自尊心及自信心较差，教师可以多在课堂上给予其正面的鼓励和赞许。这种鼓励和赞许既可以是口头形式，也可以是实物奖励，还可以是减免任务等。但是，在这个过程中，教师必须留意只表扬学生良好的行为表现，切忌滥用赞赏。为了让学生获得更多成功和发展的机会，教师必须关注每位学生的需求，将教学内容和学生的生活紧密联系在一起，从学生感兴趣的事物切入教学内容、设计教学活动等，以增加学生的成功经验，进一步提升其自我认同感。让学生认识到自己的价值，需要组织学生参与班级活动，并且得到成功的经验，以提升其自我价值感。教师可以让学生扮演班级活动的服务者，引导服务者满足被服务者的需求，以促进服务者的自我成长。这是特殊教育从缺陷模式到赋权模式的最有效转变。在缺陷模式下，学生被描述为被动的受助者，而非积极的行动者，这忽视了学生积极向上的一面。赋权理论认为，任何个体或群体都有能力改善自己的生活，制定自己的生活议程，获得相应的技能，树立自信心，能够参与有关自己的问题解决的决策，而不是被动地接受各种安排。赋权理论还认为，特殊学生完全有能力完成为他人服务的任务，成为服务的提供者。相关研究表明，服务学习不仅能让特殊学生掌握实用技能、服务的态度和技巧，还是一种可以发挥其优势能力的好方法，并且能够让他们产生团体的归属感，提升其自信心与独立意识，使其更好地融入集体。因此，教师在日常教学活动中应该鼓励学生参与教学和管理，如让学生担任班干部、教师助手等来促进其自我价值的实现。

（三）就业相关支持

　　有研究者认为，残疾人的就业支持主要包括就业能力支持、就业环境支持和相关辅助支持。具体来看，就业能力支持包括残疾康复、教育与培训，就业环境支持包括残疾人就业政策和无障碍环境建设，相关辅助支持包括就业服务、劳动保护和无业生活保障。卢天庆通过对上海市智力障碍人士就业状况的问卷调查和个别访谈，结合社会支持理论，从宏观、中观和微观三个层面对构建智力障碍人士的就业社会支持系统提出了对策与建议。具体来看，宏观层面指政府法规支持，他提出要完善现有政策法规，实行倾斜性保护政策；明确奖惩措施并强制执行；加强教育与职业培训，提高智力障碍人士的劳动素质；建立就业服务机构，拓展就业渠道。中观层面指社区和相关机构支持，他提出社区服务企业、福利企业、初等职业技术学校、"阳光之家"及非政府组织应提供更多的就业渠道和机会，促进智力障碍人士相关劳动和就业技能的培养与训练。微观层面指智力障碍人士从其家庭和其他人那里获得的情感支持、归属感支持、物质支持和信息支持等社会支持，以促进其顺利实现就业融合和社会融合。

对培智学校学生职业教育中的就业融合的社会支持主要包括内部支持和外部支持两个方面。具体来看，内部支持指对学生在就业和职业发展方面的直接支持，包括：对学生实现就业融合和支持性就业的劳动技能教育与培训，以及就业心理、准备方面的支持；就学生自身的发展特点有针对性地提供的相关支持服务。外部支持指学校之外的相关组织机构、社会力量等对学生就业与职业发展方面的支持，包括：政策的支持，如政府应出台相关政策，支持培智学校的职业教育发展，并鼓励企业参与；企业的支持，如企业应开发适合此类学生的职业岗位资源库，提供实习和就业机会；社区的支持，如社区应利用自身资源开展公益项目；提高社会的助残意识，提供无障碍的社会环境支持等。内部支持和外部支持的有机结合可以为学生提供全方位的就业融合支持，帮助他们更好地融入社会，实现自食其力的目标。

三、社区支持

培智学校作为特殊教育体系中的重要组成部分，承担着为智力障碍学生提供个性化教育、促进其全面发展的重任。在有了家庭与学校的支持、鼓励和辅导，以及经历了前期大量的技能训练、职前培训和就业辅导之后，培智学校的学生慢慢建立起适应职场的行为习惯和心理建设，其走入社会的第一站就是需要社区的支持和融入。在帮助学生完成学业、顺利过渡到职场和社会生活的过程中，构建一套全面、有效的社区支持体系显得尤为重要。社区服务是指在社区范围内提供的社会服务，是通过发动、组织本社区的力量，以自助、互助及广泛的群众参与为基础，既面向全体社区居民，又突出重点对象和特殊需求的社会性、福利性服务，能为社区成员解决困难和提供福利。社区支持应该从资源整合与利用、环境适应与融入、政策宣传与落实等方面为培智学校学生的职业转衔构建社区支持体系。

（一）社区支持体系构建的原则与理念

（1）理念先导：以支持性就业理念为先导，发展智力障碍学生的职业教育，是构建社区支持体系的核心。这一理念强调在职业教育阶段对学生进行转衔教育，制订个别化转衔计划，以帮助学生快速适应岗位需求。个别化转衔计划通常参考个别化教育计划，并着重考虑学生的自然情况、职业期望、受残疾影响的特殊需求和活动计划等。

（2）社区融合体验模式：这是构建社区支持体系的重要途径。这一模式将社区作为学生的主要生活场景，将其日常生活作为体验内容，将社区的居民邻里作为教师，通过全场景、全业态的搭建，促进学生"生活自理、社会适应、自食其力"，提高其生活质量。在具体实施中，需要对社区的教学环境进行分析与评估，充分利用社区资源，如社区内的组织机构、超市、农贸市场等，为学生提供适宜的学习和社会生活条件。

（3）"四方协同"就业安置支持体系：构建家校社企"四方协同"的就业安置支持体系是确保学生顺利过渡的关键。这一体系强调家庭、学校、社区和企业之间的紧密合作，共同为学生提供就业信息、岗位推荐、心理辅导等全方位的支持。通过"就近就便、宜居宜业"的就业安置原则，为学生提供适宜的就业环境和发展路径。

（二）社区支持的实现路径

1. 资源整合与利用

社区工作者需要对社区内可用的教育资源、职业培训机构、企业实践基地、志愿者团队等进行全面盘点，建立资源库。

1）资源细分

根据社区内已毕业的培智学校学生的兴趣、特长及职业发展意向，对社区资源进行分类与细化。例如，对于在艺术创作方面展现出天赋的学生，联系社区内的艺术工作室和画廊，为他们提供参观学习、展示作品的机会；对于对科学技术感兴趣的学生，则联系当地的科技企业，探索建立实习实训基地的可能性，让他们在真实的工作环境中锻炼技能。

2）资源合作

加强与职业培训机构的合作，定制针对培智学校学生的专属培训课程包。这些课程不仅注重基础技能的传授，更强调实践操作和社交能力的培养，旨在帮助学生掌握一技之长，提升其自信心和独立生活能力。

3）志愿服务

充分发挥志愿者团队的作用，组织一系列丰富多彩的社区活动，包括文化交流、体育竞赛、志愿服务等。通过陪伴和引导，提升学生的社交能力，丰富他们的精神文化生活，帮助其更好地融入社区大家庭。

2. 环境适应与融入

1）社会融合理念达成共识

残疾人文化融合，主要指残疾人能够参与社会生活、娱乐、休闲、体育等活动，并融入主流社会。一方面，社区能通过宣传栏、活动宣讲等在观念和意识上形成理解、尊重、关心、帮助残疾人的良好社会风尚，建立起"平等、参与、共享"的现代文明社会残疾观；另一方面，残疾人能平等享有参与各种社会文化活动的机会和权利，并且相关机构能为残疾人参与这些社会文化活动提供支持、便利和服务。例如，相关媒体可以通过广播、电影、电视、报刊、图书、网络等形式宣传报道残疾人的工作、生活等情况；宣传、文化、新闻、出版等部门和单位要采取有效措施，积极宣传残疾人的事业，以及残疾人自强模范和扶残助残先进事迹；文化、体育、娱乐等公共活动场所要尽可能为残疾人提供便利和照顾。

2）社区融合活动有序开展

社区工作者应组织各类社区融合活动，如文化交流、志愿服务、社区服务等，让培智学校的学生更多地接触社区、了解社区，增强其社区归属感和融入感。

首先，可以与培智学校加强合作，共同开发适合培智学校学生的特色活动项目。这些项目应充分考虑培智学校学生的特殊需求与兴趣，融入生活技能、社交技巧及职业准备等内容，使学生在参与的过程中既能感受到成就与乐趣，又能逐步提升独立生活能力和社会适应能力。例如，可以设立"小小社区志愿者"项目，让培智学校的学生在社区中承担简单的服务任务，如环保宣传、助老助残等，从而在实践中学习责任与奉献。

其次，社区融合活动的主题可以与家庭需求相结合，促进家长积极参与并鼓励孩子参与社区融合活动。家长可以通过陪伴参与、正面引导和情感支持，帮助孩子摆脱自卑心理，建立自信。同时，家长之间也可以形成互助小组，分享育儿经验，共同为孩子的成长营造更加积极和谐的家庭与社区环境。

最后，社区融合活动的组织者需要不断创新活动形式，提高活动的趣味性和参与度。利用现代信息技术手段，如社交媒体、在线平台等，扩大活动的宣传范围，吸引更多社会力量的关注与支持。同时，注重活动后的反馈与评估，及时调整与优化活动形式，确保活动效果的最大化。

此外，政府也应加大对培智学校学生社会参与的支持力度，出台相关政策法规，保障培智学校学生的合法权益，为他们提供更多参与社会、展示自我的机会。同时，鼓励社会各界捐赠物资或提供服务，为培智学校的学生提供更加广阔的成长空间。

3）无障碍环境建设持续跟进

社会各界应推动无障碍环境建设，确保培智学校的学生在社区中能够自由、安全地活动。这不仅包括交通设施、公共设施、住宅楼宇等硬件设施的完善，还需要在软件服务上同步提升，以构建一个全方位、多层次的无障碍生活圈。

首先，在交通设施方面，除继续扩大无障碍通道、增设轮椅坡道、优化公交站点及地铁的无障碍设施外，还应引入智能导航技术，开发专为特殊需求人群设计的出行App，提供语音导航、路线规划及紧急求助等功能，确保他们在独自出行时也能轻松找到最便捷、最安全的路径。同时，加强对公共交通服务人员的培训，提高其对特殊需求人群的敏感度和服务能力，让培智学校学生的每一次出行都成为愉快的体验。

其次，公共设施的无障碍改造同样不容忽视。社区内的公共场所应增设更多的低位服务台、感应式门禁系统、无障碍卫生间及休息区域，确保每位访客都能平等享受文化休闲的权利。此外，通过举办无障碍体验日、工作坊等活动，邀请培智学校的学生参与其中，让他们亲身体验并提出反馈意见，不断优化无障碍设施的设计与使用体验。

再次，鼓励老旧小区进行无障碍改造升级，包括安装电梯、拓宽走廊、设置低位开关及报警系统等，确保居民在居家生活中也能享受到无障碍的便利。此外，加强与物业公司的合作，建立无障碍服务响应机制，对突发情况进行快速响应和处理，保障居民的安全与舒适。

最后，加强社区文化的营造。通过宣传教育、媒体引导等方式，提高全社会对无障碍环境建设的认识和支持度；鼓励社区居民、志愿者及相关人员共同参与无障碍环境的建设与维护工作，营造人人关心、人人参与的良好氛围。同时，表彰在无障碍环境建设中做出突出贡献的单位和个人，树立典型示范，激发更多人的积极性和创造力。

3. 政策宣传与落实

1）政策解读与宣传

社区工作者应及时关注并解读国家及地方关于特殊教育和残疾人就业的相关政策，通过宣传栏、家长会、网络平台等多种渠道进行广泛宣传，提高社会各界对培智学校学生职业转衔工作的认识和支持度；强化社会各界对培智学校学生就业能力的认识，营造支持残疾人就业的良好氛围。当前，虽然我国已出台了一系列促进残疾人就业的政策法规，但针对培智学校学生职业转衔的专项政策尚需进一步细化和完善。

政府相关部门应明确培智学校学生职业转衔的目标、原则、具体措施及责任主体，确保政策具有针对性和可操作性；修订或制定相关法律法规，保障培智学校学生在就业过程中的合法权益，消除就业歧视；对积极吸纳培智学校学生就业的企业给予税收减免、补贴等优惠政策，激发企业的参与热情。

社会组织应利用电视、网络、社交媒体等多种渠道，广泛宣传培智学校学生职业转衔的成功案例和积极成效；开展形式多样的公众教育活动，树立培智学校学生职业转衔的典型人物，发挥示范带动作用。

2）政策落地与实施

（1）社会各界应积极争取政策支持和资源倾斜，确保各项优惠政策和服务措施能够真正惠及培智学校的学生；组织专家团队深入调研培智学校学生的职业转衔现状，结合国内外的先进经验，提出一系列符合实际、操作性强的政策建议，包括教育经费补助、师资培训、教学设施改善、心理健康支持等多个维度，力求全方位提升培智学校的教育质量；与教育、民政、财政等相关部门建立定期会商制度，及时通报培智学校的发展动态与面临的挑战，共同商讨解决方案；探索建立专项基金或项目，用于支持培智学校的特色发展、课程创新及学生个性化成长；在争取政策支持和资源倾斜的同时，更要关注培智学校学生的长远发展。通过加强与职业教育、高等教育的衔接，为培智学校的学生搭建更加宽广的成长平台。同时，建立健全的学生就业服务体系，提供就业指导、岗位推荐等支持，帮助学生顺利融入社会，实现自我价值。

（2）政府应加强对政策执行情况的监督和评估，进一步细化监督机制，构建全方位、多层次的监督网络，确保各项优惠政策和服务措施能够真正惠及培智学校的学生。

首先，深化信息公开与透明度建设，将政策执行的全过程置于阳光之下。通过建立定期报告制度，不仅向家长、师生公开政策执行进度、成效和问题，还要邀请社会各界参与监督，包括教育专家、社会组织及媒体等，形成多元化的监督合力。

其次，引入第三方评估机构，对政策实施效果进行客观、独立的评估。这些机构将基于科学的方法和标准，对培智学校学生的受益情况、教学质量改善、教育资源分配合理性等方面进行全面评估，并提出改进建议。

再次，加强对政策执行人员的培训与考核。通过定期举办政策解读、案例分析、技能培训等活动，提升政策执行人员的专业素养和业务能力，确保他们能够准确理解政策意图，有效推动政策落实。同时，建立健全考核激励机制，将政策执行效果作为重要的考核指标，对表现优异的个人或团队给予表彰和奖励，激发其工作积极性和创造力。

最后，还需关注政策执行中的反馈与调整机制。鼓励师生、家长及社会各界积极反馈政策执行中的问题，通过设立意见箱、开通热线电话、建立网络平台等多种渠道收集反馈信息。对于收集到的意见和建议，要及时进行分析与研究，并根据实际情况对政策进行适时调整和优化，确保政策始终符合培智学校学生的实际需求和发展规律。

四、朋辈支持

培智学校学生的朋辈支持来源，除学校环境中的同学间支持外，还包括通过社会组织获得年龄相仿或特征相同的人群之间的支持关系的社会支持。它旨在通过同龄人或相似背景群体的帮助，促进培智学校学生更好地适应职场，实现自我价值。

（一）建立朋辈导师制度

根据培智学校学生的兴趣、能力、职业目标等因素，可以为他们配对已在职场有一定经验的朋辈导师。这些导师可以是校友、社区中的志愿者或其他成功融入职场的残疾人士。通过安排定期的线上或线下交流活动，学生可以向导师分享自己的困惑、进展和计划，导师则提供经验分享、职业指导和情感支持。

1. 经验分享

经验分享涵盖多个维度，导师应从学术研究的深度挖掘到职场生存的实用技巧，甚至是个人成长的心路历程。在分享经验时，导师可以针对培智学校学生的个性和特点，采取适合他们的方式进行引导和激励。对于即将步入职场的学生，导师可以提供关于简历撰写、面试技巧、职场礼仪等方面的实用建议，让他们更加自信地迈出职业生涯的第一步。为了提升交流活动的互动性和趣味性，还可以设置角色扮演、游戏互动等环节，为学生设置一些趣味性的职场情景游戏，让学生在轻松愉快的氛围中交流，以便适应职场的社交环境。这些活动不仅能促进学生与导师之间的沟通和理解，还能培养学生的团队协作能力、沟通能力和问题解决能力，为他们的未来发展奠定坚实的基础。

2. 职业指导

1）开展职业拓展活动

联合实习：组织学生与导师所在的单位或相关企业进行联合实习，让学生在真实的工作环境中学习和体验，同时获得导师的直接指导和支持。

职业参观：组织学生参观不同行业的企业和机构，了解不同职业的工作环境、职责和前景，帮助他们拓宽视野，明确职业方向。

2）提供个性化职业规划指导

一对一咨询：利用导师的资源和经验，为学生及其家长提供一对一的职业规划咨询，帮助他们分析自身优劣势，明确职业目标，制订切实可行的职业发展计划。

技能提升：根据学生的需求和兴趣，为他们提供技能培训或学习资源，如职业技能培训课程、在线学习平台等，帮助他们提升就业竞争力。

3. 情感支持

社交活动：组织学生参与各种社交活动，如团队建设、兴趣小组等，帮助他们拓宽社交圈子，增强社会融入感。

心理疏导：关注学生的心理状态，提供必要的心理疏导和支持。导师可以作为倾听者和支持者，帮助学生缓解就业压力和焦虑情绪。

定期回访：对学生进行定期回访，了解他们的职业发展情况，评估朋辈支持的效果，并根据需要进行调整和优化。

反馈机制：建立学生与导师之间的反馈机制，鼓励学生分享自己的职业经历和心得，为后续的指导和服务提供参考。

（二）发展自助组织

自助组织是指遭遇同样问题的人自行组织或由专业人员协助组织起来，共同商讨解决问题的策略和分享各自应对困境的经验与知识的一种社会组织，是社会支持普遍和重要的来源。

1. 我国残疾人自助组织的发展情况

自助组织自 20 世纪 70 年代起得到了空前的发展。我国的残疾人自助组织出现得较早，以病患者自助组织为主，如上海地区 1989 年成立的上海市癌症康复俱乐部。残疾人自助组织的出现主要得益于我国政府和社会的关注。最早的盲人协会、聋人协会虽然带有行政色彩，但也开展了一些残疾人的自助组织活动。这些组织带有半官方的性质，如在 2007 年世界夏季特殊奥林匹克运动会期间上海市成立了智力残疾人和肢体残疾人亲友会等。全国各地不同程度地开展了各种残疾人的民间活动，他们以类别划分，经常相聚，开展了民间性的自助、自娱活动，如哈尔滨市道外区的残疾人组织了残助残小分队，双鸭山市集贤县的肢体残疾人组织了青年助残小组，盲人按摩医生自己组织技术交流等。

真正由民间自发组织并在民政部门备案的残疾人自助组织较少。2005 年成立的鞍山市助康会受到社会各界的关注，发起人张翔为此在第一届北京国际康复医学论坛上进行经验交流。对鞍山市助康会的定义，张翔认为，这是一个残疾人民间自助组织，作为一个民间平台，主要负责协助政府相关部门开展残疾人的社区康复工作，为残疾人服务，在物质和精神上帮助残疾人恢复身心健康、融入社会。像鞍山市助康会这样的自助组织不只靠残疾人自身的力量，也有一定的向上的利益诉求。鞍山市助康会通常通过政府、社会或市场获取一些资助，如与美国"琼妮之友"组织合作开展轮椅捐赠活动，与医疗慈善机构联合进行义诊等。鞍山市助康会还会组织一些娱乐活动，如在不同的节日里邀请一些常年没有机会出门的残疾人外出旅游、聚餐，认识外面的世界，结交更多的朋友。有研究者认为，自助组织的优势在于："因为许多组织成员本身就有残障，所以无论是在身体还是在心理方面，我们都能更容易理解和明白残疾人的需求。因此，我们所提出的一些想法和康复计划也更容易被这些残疾朋友认可和接受。"

我国的残疾人自助组织的一项主要任务是帮助残疾人自食其力。"绿星之家"是山东泰山脚下一个庄户中的农村残疾人自助组织，是济南市长清区万德街道小万德村的齐乾坤于 2003 年在民政部门的帮助下建立的，是中国第一家具有残疾人创业性质的助残机构，全称是"绿星之家"生态发展中心。其宗旨是把残疾人组织起来，搭建相互交流的平台，使其根据各自情况发展经济，自助自立。"绿星之家"的成员王洪发认为，"绿星之家就像我们残疾人的家一样"，齐乾坤则认为组织的目的就是"联合起来，使残疾人都能自助助人，助人自助"。

2. 浙江省残疾人自助组织的探索与实践——残疾人之家

浙江省从 20 世纪 70 年代起就开始探索残疾人自助组织。除各种残疾人协会外，浙江省还陆续探索了供料车间（机构）、辅助性就业机构、小康·阳光庇护中心等残疾人自主互助的帮扶模式。杭州市从 1978 年开始探索工疗站，即一种社区精神病防治康复模式，主要负责将社区慢性精神病人集中起来，采取集中管理的方式，同时对精神病人开展有利于社会心理康复的"三疗一教育"，即药疗、娱疗、工疗和教育相结合，促进精神病人全面康复和回归社会。其主要服务对象是精神类残疾人，主要功能之一是辅助性就业，提供就业技能培训和就业指导。在建设过程中，浙江省逐步明确了残疾人自主互助服务机构的条件、目标、管理服务、政策保障、团队建设等，为残疾人自主互助服务机构的建设积累了宝贵的经验。

2019 年，浙江省提出"残疾人之家"的服务机构品牌建设。"残疾人之家"是专门为劳动年龄段智力、精神和其他重度残疾人提供日间生活照料、技能培训、康复服务、文体服务和辅助性就业服务等的机构。从服务对象来说，"残疾人之家"主要服务轻度的智力、精神残疾（三级、四级）学员，完全适合培智学校职高阶段的学生；从服务功能来说，"残疾人之家"通过康复训练不断促进残疾人的功能维持，通过技能培训使残疾人习得相关的职业技能，通过辅助性就业项目帮助残疾人完成简单的工作任务，获取相应的报酬，从而实现自我价值和社会融入。"残疾人之家"的建设，不仅为残疾人提供了全方位的服务，还为他们的家庭减轻了负担，提高了整个社会对残疾人的关爱和支持度。

应该说，自助组织提供了长期的社会支持网络系统，可以为残疾人提供在其他支持体系中无法提供的情感支持与解决问题的能力，消除其社会隔离或歧视感受，提高其生活应对能力。因此，自助组织对面临升学、就业压力的培智学校学生来说大有裨益。

本章小结

本章主要探讨了培智学校学生的职业转衔阶段，说明了除常规的教育支持课程和职业指导课程外，还需要为其提供全面系统的支持体系，包括面向个体的心理支持和社会支持，为培智学校学生走上职场、融入社会建立良好的心理支持方案、家庭支持体系、社区支持模式和自助模式，为职业转衔阶段的学生和家长提供各种指导与帮助。职业转衔阶段对培智学校的学生而言是充满挑战与机遇的关键时期，学校、机构和社会应携手合作，共同为这些学生提供全方位的支持和帮助，助力他们顺利实现从学校到社会的平稳过渡。

课后练习

1．简述心理支持的三种技术。

2．简述家庭支持的主要内容。

3．简述社区支持的实现路径。

4．请谈谈如何发挥自助组织在职业转衔中的作用。

附录 A 转衔成功案例之星巴克的新员工小 G

小 G 是一名典型的患有孤独症谱系障碍的男生，他在星巴克的第一次职场体验，严格来说是咖啡的制作体验圆满完成。活动中有很多美好的瞬间，但为何我（张燕）把这一过程称为"荆棘之路"？我想，对他来说，这次体验不仅要适应新的环境，配合不同的带教师傅，应对他人的提问，还要专注制作过程的学习等，这些都是不小的挑战。

而对我来说，充分理解他、支持他，并为他"代言"，向他职场的伙伴解释他的行为，甚至出手协助，其实也并不轻松。所以这条"荆棘之路"，只有你我相伴，才有可能变成一条通途。而这个"我"，不仅是一位就业辅导员，背后还需要家庭和整个专业团队的支持！

下面我们就来聊聊这条"荆棘之路"……

1. 关系的建立

在开始辅助小 G 之前，我们充分了解了小 G 的一切，包括他的求学经历、职业倾向、兴趣偏好等，并且借由课程互动的契机，与他共同前往招聘会现场，积极尝试开展各类话题交流。值得一提的是，关系的建立绝非一蹴而就，其本质上是一个动态变化的过程。

2. 行前的预告

为了开展一次职场体验活动，我们为小 G 做了两次预告。第一次在具体日程确认前，作为预告之用；第二次则在活动前一天晚上得到具体日程后，以他能够理解的信息形式，向他告知时间安排与活动安排详情。我们对活动环节进行了细分，划定其中部分环节为必须参与，部分环节可供自主抉择，并且针对不同环节附加了注意事项以便提醒。

3. 社交的场景

小 G 下午到店后，伙伴们热情地围住他，给他提建议。然而，面对众多信息的同时涌入，患有孤独症谱系障碍的他难免会感到不知所措。我们建议采取更为缓和的节奏，减少人员数量。令人欣喜的是，伙伴们接纳了这一建议，先由一位带教师傅与小 G 开启交流，随后逐步增加人员，直至全体 7 人围坐于桌前，品尝小 G 制作的饮品，聆听小 G 不时脱口而出的精妙语句，现场氛围十分温馨、融洽。

4. 工作的内容

小 G 体验了多种咖啡的制作，带教师傅的讲解会被转化成任务流程，便于复盘和后续的巩固。将一种饮品的制作分成 7 个以上的步骤是常态，这不仅考验小 G 的工作专注度，也考验就业辅导员的工作素养。安全事项的遵守、卫生的要求、不断叠加的工作任务，特别是带教师傅下达的一些指令，都需要小 G 进行短时记忆并做出恰当的反应。比如，"看到大气泡时和我说'计时器还剩 45 秒时提醒我'"等，记忆—反应如此循环。

5. 突发事件的应对

面对突发事件，如身体不适需要去洗手间，这时如何和带教师傅沟通？沟通的时机如何选择？这些都需要小 G 做出判断。此外，小 G 在工作中还会遇到浪费的情况，诸如一壶手冲咖啡未能完全分享，以及顾客的一杯咖啡尚有剩余等情形下的处理方式与灵活变通手段，这些也需要小 G 一一学习。

小 G 的入职之旅经历了很多，我们征得小 G 妈妈的同意和授权，将小 G 转衔的过程记录如下，与大家分享孤独症谱系障碍孩子的职业转衔和就业之路。

6. 评估结论的形成

最后，需要填写职业适配与岗位能力评估一览表（见表 A-1），并根据表中的要求，参考职场条件（见表 A-2）、自然支持系统（见表 A-3），评估小 G 的职业适配能力，形成评估结论。

表 A-1　职业适配与岗位能力评估一览表

用人单位					
公司名称	星巴克咖啡连锁门店			统一编号	
公司地址					
公司联络人		联络人职称		联系电话	
				电子邮箱	
身障员工雇用经验	□不曾雇用过 ☒曾雇用过，障别/经验：智力障碍轻度 1 人、孤独症 1 人			定额进用	☒不适用 □未足额（尚缺___人） □已足额（应进用___人）
公司接纳度	HR	不接纳 1　　2　　3　　4　　5　接纳		说明：	
雇主服务	□不需要 ☒需要：☒身心障碍介绍　□奖励/补助/相关方案宣导　☒职场员工训练　☒其他：公司内部讲师宣导				

聘用岗位				
岗位名称	咖啡师		职级分类	
工作地点	□同公司地址　⊠其他：			
工作内容	此栏列出该岗位的工作任务，原则上以核心任务（重要且频率高，是该岗位不可或缺的任务）为主，频率低或可由其他人代替的仍可列出，但排序将在末尾。 ［选择一个特定的岗位（如智力障碍个案从事的岗位），并以核心任务为主，不需要详列所有任务。］ 1. 外场服务：送咖啡给顾客（少量）、主动跟顾客打招呼、提供点餐服务（当面询问或确认线上下单条码） 2. 外场保洁：开铺前需要进行准备工作，开始营业后需要进行门店外的座位区清洁。 3. 制作饮品：5～8款饮品，不会的部分由其他同事支援，制作质量由同事把关；按照顾客所点的饮品去制作，或者按照线上下单条码的品项去制作，还需要加热糕点。 4. 收银：使用感应器扫码、推销新产品。 5. 辅助打包：根据顾客的外带需要开展。 6. 补货：按照吧台需要进行			
工作环境	1. 工作楼层：1楼，□楼梯　□斜坡　□电梯 2. 工作动线（宽敞/狭窄/推车或机械往来等）：以店面内部为主，又可分为外场客席区和吧台区，外场客席区的座位距离为2～5米，吧台区的长度为3～4米，可容纳两位员工错身通过。 3. 无障碍设施（厕所/楼梯/扶手/门槛等）：厕所在店面外，为大楼公用空间，有独立的无障碍厕所。 4. 物理因子（温度/噪声/湿度/气味/粉尘等）：店面内部有空调、咖啡香气，平时店内会播放轻音乐，但面对面对话仍然可以听清楚			
工作时间/班表	□部分工时（　　　） ⊠日班（7:00—18:30） □中班（　　　） □轮班：□二班制　□三班制	加班需求	□经常 □偶尔 ⊠不需要加班	休假	⊠周休二日（周休一日） □排休
薪资	□月薪：　　　□周薪： □日薪：　　　□时薪： □论件计酬：每件　　元	每周工时	至少达40小时	福利待遇	□全勤奖金 □年终奖金 □交通津贴 ⊠其他：年休假（按工龄计算）
餐食	⊠无　□可代订 □提供　餐，每餐扣款　　元	住宿	⊠无宿舍 □提供宿舍，与　人同住，每月扣款　　元		
职务要求	⊠重视标准作业流程　⊠重视工作品质　□重视工作速度及产量　⊠重视职业安全 ⊠重视主动性　⊠重视服从/配合度　⊠重视独立作业能力　⊠重视团队合作 ⊠重视负重能力　⊠重视体力、耐力　⊠重视人际沟通　⊠重视服装仪容 ⊠重视职场礼仪　□其他特殊要求：			
现场接纳度	现场主管　不接纳 1 2 3 4 5 接纳	说明：			
	同事　不接纳 1 2 3 4 5 接纳	说明：			
社会互动机会	与主管的互动机会：⊠多（每小时至少1次）　□中（每半天至少1次）　□少（每天1次或更少） 与同事的互动机会：⊠多（每小时至少1次）　□中（每半天至少1次）　□少（每天1次或更少） 与顾客的互动机会：⊠多（每小时至少1次）　□中（每半天至少1次）　□少（每天1次或更少）			

表 A-2　职场条件

领域	支持项目	职场要求/条件/标准
工作表现 (此领域以该岗位的核心任务为主,不需要详列所有任务)	工作技巧及流程	简述核心任务(或上岗初期一定要具备)的工作技巧,以供其他学员参考。若有标准作业流程亦可简述。 1. 外场服务: 热情、主动、礼貌地迎接每一位顾客,提供友好的问候和微笑服务。 快速响应顾客的需求,如加水、提供餐具等。 关注顾客的用餐体验,遇到无法解决的问题向值班经理求助。 2. 外场保洁: 保持餐厅外场地面的清洁,无杂物、污渍和水渍。 定时清理餐桌、椅子,确保干净整洁。 按时清理垃圾桶,保持垃圾桶周围的卫生。 维护餐厅外场的整体环境卫生,包括门窗等。 确保垃圾回收处整洁有序。 3. 制作饮品: 严格按照饮品配方和制作流程操作,保证饮品的品质和口感,做到口味一致。 注意饮品的卫生和安全,使用干净的器具和原材料。 保持制作区域的整洁,及时清理垃圾和污渍。 快速制作饮品,以满足顾客的需求。 4. 收银: 熟练掌握收银系统的操作流程,准确快速地完成结账,并完成新产品的推销。 清晰准确地为顾客开具发票。 5. 辅助打包: 按照顾客要求准确地进行饮品打包。 确保打包的质量和密封良好,防止洒漏。 为顾客提供必要的餐具。 动作迅速,减少顾客的等待时间。 6. 补货: 定时检查门店内各类物品的库存情况,如餐具、纸巾等。 及时补充短缺的物品,确保供应充足。 按照规定的位置和方式进行补货,保持整齐有序。 留意原料的保质期
	工作品质	简述核心任务(或上岗初期一定要做到)的工作品质要求,以供其他学员参考。有时也可以用"通过品质检查的比率"来描述,如外场保洁用"品检的比率需达八成"等来描述。 以上均有公司内部培训教材的规范要求。通过学习视频,在实际岗位上由带教师傅负责把控新员工的各项工作品质,因涉及公司内部标准不便提供

领域	支持项目	职场要求/条件/标准
工作表现 （此领域以该岗位的核心任务为主，不需要详列所有任务）	工作速度及产量	简述核心任务（或上岗初期一定要做到）的工作速度及产量要求，以供其他学员参考。例如，要在几分钟内完成一位顾客的点餐服务、要在几分钟内完成一杯饮品的制作等。 　1. 外场服务：现场点单不要求速度，但线上点单则依公司规定须在6～8分钟内完成制作。 　2. 外场保洁。 　3. 制作饮品：制作饮品的速度由机器设定，基本上机器制程是固定的，速度不受人为操作的影响。 　4. 收银。 　5. 辅助打包。 　6. 补货。 　其他因涉及公司内部标准不便提供，原则上现场没有特定的速度要求
工作行为及人格特质	主动性（主动询问及汇报）	该岗位要求员工应该多主动？要求员工一到公司就自动自发开始工作而无须指示？要求员工所有事情都要向主管或其他同事主动报告？哪些工作任务特别要求主动询问及汇报？ 　1. 要能按照既定的工作分配主动开始工作，每项分内工作完成后，需要主动向顾客询问或向主管汇报。 　2. 部分环节需要双人确认并签字，若个案层级不够则不能帮他人确认并签字
	独立性	该岗位要求员工应该多独立？该岗位大多需要独自完成任务或与同事共同完成任务？哪些任务要求员工独自完成？哪些任务允许其他同事从旁协助？执行任务时身边的同事人数通常有几位？ 　1. 开铺准备工作、外场保洁工作必须独自完成。 　2. 偶尔需要进后场补货，那时也不会有同事从旁协助而须独立作业。 　3. 遇到糕点补货时，通常需要对照进货单来完成，并涉及冷藏柜的使用，部分内容需要其他同事的协助，一般一人协助足够胜任工作
	合作性	哪些工作任务特别要求员工必须与其他同事分工完成？该工作任务要求与几位同事合作？允许从事该岗位的员工不与其他同事合作吗？ 　通常开铺、打烊时需要合作，其他工作大多独立作业（操作机器完成），偶尔需要知会其他同事补充原料，不太需要分工才能完成
	服从/配合度	该岗位对于员工的服从/配合度的要求有多高？哪些情境会要求员工一个口令一个动作/遵守标准作业程序？哪些情境允许员工有自己的做法？主管经常为员工指派不在核心任务内的指令吗？主管对员工的指导性强吗？主管的控制欲强吗？ 　1. 偶尔需要支援分外的工作，如协助铺货到其他门店，但主要是在店内协助清点，不需要实际往外跑，而是交由一般同事处理。 　2. 极少有核心任务外的指令，遇到新的要求则指导的程度较高
	责任感	该岗位对于员工的责任感有哪些要求（如按时完成任务、主动承担责任、履行承诺、勇于面对自身错误等）？该岗位的哪些工作任务比较像责任制（做完才能走）？哪些不是责任制的（时间到了就可以休息）？ 　1. 中午忙碌时最要求轮值人员具备责任感，要先把手头工作完成再休息。 　2. 对每位员工的销售任务绩效有一定要求

领域	支持项目	职场要求/条件/标准
工作行为及人格特质	职场规范（仪容/出勤状况/准时性）	该岗位对于员工规范（仪容/出勤状况/准时性）有哪些规定？ 1. 能按规定到班工作，不会无故不到或经常缺席、迟到。 2. 可接受每个月请假 4 天以下
	职业安全及伤害（工伤）预防	该岗位有哪些可能造成工伤的机具设备/环境因子（如大型机具、机台、高温/低温、尖锐物/碎物等）？该岗位本身有哪些容易导致损伤的因子（如重复搬运重物导致腰部受伤、手指长期重复动作导致关节炎、经常面对非理性客诉导致心理耗竭等）？ 1. 需要留意接热水时避免被烫伤。 2. 注意化学用品（消毒水）的使用。 3. 需要久站（对体能有一定要求），但允许弹性休息，向主管反映即可
人际互动及人际关系（此领域拆解得比较细，以应对服务业职场的复杂情境）	理解他人语意	该岗位是否需要经常与人互动？该岗位通常与哪些对象（主管/同事/顾客）的互动频率较高？ 互动频率高的除了同事还有顾客；顾客通常在点餐时会指定饮品或餐点名称、提出客制化要求，有时也会询问纸巾及厕所方位
	表达自身想法	该岗位是否需要经常与人互动？该岗位需要经常用口头方式向他人说明或解释吗？该岗位接受哪些表达（文字或口头）方式？ 互动频率高的除了同事还有顾客；向同事求助时必须详细说明自己的困难或疑问，还需要向顾客介绍及推销新产品
	与主管互动	该岗位与主管互动的机会多吗？互动内容通常是什么（打招呼/开会/表现反馈/关心工作状况）？ 与主管互动的频率为半小时内至少一次，互动内容包括打招呼、说明与工作相关的内容等
	与职场指导者互动	该岗位与现场指导者互动的机会多吗？互动内容通常是什么（打招呼/教学/表现反馈/发问）？ 与职场指导者互动的频率（遇到新品教学或新工作内容时）为 10 分钟内多次，互动内容包括发问、讨论工作内容等
	与同事互动	该岗位与同事互动的机会多吗？互动内容通常是什么（打招呼/提醒/求助/指导/发问）？ 与同事互动的频率较高，互动内容包括打招呼、求助等
	与异性互动	该岗位与异性互动的机会多吗？职场同事的性别组成/年龄分布？ 职场员工皆为同龄（健全）年轻人（含职场指导者），包括女生两位、男生一位
	保持合适的人际距离	该岗位会经常与人有肢体接触吗？执行与人互动的相关任务时，合适的人际距离约为多少？ 通常在职场不会与同事或顾客有太多肢体接触；在与同事互动或服务顾客点餐时，通常保持一个手臂的距离，能看见手部操作示范或清楚听见彼此讲话声量即可

领域	支持项目	职场要求/条件/标准
生理功能	感官功能（视/听/触/嗅觉等）	该岗位特别重视哪些感官功能？各有哪些特定要求（如视觉要求：能看清楚距离 1～2 米地面的饮料污渍、能区分不同颜色的液体；嗅觉要求：能分辨焦味和香味等）？ 1．视觉要求：能按操作规范完成对门店内外的清洁工作，包括桌面、地面，主要对象为污渍、烟灰等。 2．对嗅觉无特殊要求
	粗大动作	该岗位特别重视哪些粗大动作？各有哪些特定要求（如弯腰、手肘弯曲、手臂平举等）？ 1．拿放盒装牛奶，并将其堆成 3×3 或 4×3 的样子放置在托盘上进行补货，重量可达 10kg 以上，需要手臂平举端着托盘行进 2 米以上。 2．需要提起装水的拖把桶完成门店内的拖地，使用拖把对门店外的污渍进行清洁
	精细动作	该岗位特别重视哪些精细动作？各有哪些特定要求（如操作触控面板、拿笔写字、用指尖捏住原料并将其均匀地撒在饮品表面、准确控制流速和角度以便将饮品缓缓倒入眼前的容器等）？ 操作触控面板、书写、用裱花袋装饰饮品、将各类原料颗粒撒在饮品上
	姿势维持及转换	该岗位经常需要维持（或转换）哪些姿势（如从站到蹲、从坐到站）？转换姿势的频率通常是多少（如每小时需要从坐到站 3～4 次等）？ 处于工作状态时通常站立，一般较少有机会坐下
	移动能力	该岗位经常需要移动的距离或范围是多少？除平面移动外，是否也有立体空间（上下楼梯）移动？ 在吧台内移动较多，为外场顾客送饮品通常距离不超过 5 米
	负重能力	该岗位经常需要负重的重量是多少？负重下是否还需要移动或转换姿势？通常是什么样的重物（如纸箱、商品、不规则物品等）？ 无须经常负重，除补充各类牛奶外，还需要将垃圾袋丢到大楼内指定位置（一天一次）
	体力、耐力	该岗位经常需要的体力、耐力表现如何？ 需要能负荷 8 小时的工作，通常工作时站立状态需要维持 1 小时以上

表 A-3　自然支持系统

填写时间：转为追踪辅导、结案前

支持场域	姓名/称谓	与学生的关系	支持内容	可及性
职场		同事 （职场指导者）	1．工作完成后协助其确认并签字，可提醒个案遗漏之处。 2．当个案遇到困难时可提供指导与协助，如顾客的提问不在点餐选项内可协助回应	☒随时可支持 □仅特定时段可支持 □不特定时段支持
家庭				□随时可支持 □仅特定时段可支持 □不特定时段支持

支持场域	姓名/称谓	与学生的关系	支持内容	可及性
社区				□随时可支持 □仅特定时段可支持 □不特定时段支持

小 G 的就业之旅：纪实篇

编者按：作者为小 G 妈妈，她用文字记录了小 G 在求职过程中的一系列成长与收获。通过小 G 的经历，我们看到了职业转衔带给特殊孩子的无限可能，这同时提醒我们需要给他们更多的机会去尝试、去探索、去发现、去领会。未来，希望职业转衔领域可以有更多的成功案例，我们也将持续关注。

以下内容均被授权仅在特定平台和本书中使用，任何机构和个人未经允许不得使用。

序

作者：张燕，杭州市拱墅区益仁社会工作服务中心主理人

时间：2024 年 4 月 2 日

自 2023 年启动星巴克职前准备项目伊始，我便与小 G 妈妈频繁开展交流并分享经验。2023 年年底时，她向我透露，倘若小 G 个人有意愿且具备相应机会，他们想来杭州，给孩子一个机会去试试，让孩子继续他的职业探索之旅！当我接收到这一信息时，压力、责任与受托付之感刹那间汇聚一身。

2024 年 4 月 2 日，浙江省首家星巴克智力障碍融合就业门店正式营业。这家店的背后有两位天使伙伴（小 G 和另一位特殊员工），他们有着许许多多的故事，以下就是小 G 妈妈从 2024 年 2 月底来杭州记录的点滴……

同时，我们更想向看到此文的朋友们发出邀请，邀请您来星巴克健康大厦门店，因为这里售出的每一杯咖啡都是对我们的鼓励和支持！

我们的杭州就业之行

作者：何子（小 G 妈妈）

地点：杭州市拱墅区益仁社会工作服务中心

时间：2024 年 4 月 6 日

杭州行之一——星巴克的职业探索之旅

过完元宵节，我陪小 G 继续职业探索之旅，来到了杭州。

2023 年年底，小 G 完成了为期三个月的太仓职业探索。当被问及最大的收获时，他表示意识到离开妈妈自己同样能够独立应对，并且克服了辞职后在家养成的懒散习性。

作为江南人的后代，他很爱这片土地。他喜欢安安静静的小城市，但一抬腿也可以去往繁华之地。工作之余，他会跑去上海看展览、见老友，小日子过得非常充实。

到达杭州的第二天，张燕就安排了小 G 在星巴克的面试。阵仗还挺大，一进门就有六七个人围上来。他难以与对方进行眼神对视，一旦紧张便会将目光投向手机，别人也不知道他是否真正理解了所呈现的内容。

在第一次品尝咖啡时，我以为他会拒绝，没想到他还真喝了。当被问及咖啡的口感滋味时，他形容有一股中药的味道。此时，爽姐（店长）赶忙上前打圆场道："我初次喝咖啡时也是这般感受。"这般情境之下，氛围显得颇为微妙。

聊了半小时，张燕要求对话暂时告一段落。她向大家解释道："**孤独症人士聊上半小时，脑子里的信息量已经过载，需要放松一下！**"

坦率地说，小 G 从来没有想过要涉足餐饮行业，但是作为职业探索，他想试一试。正是因为抱着这样的想法，才有了后续的进展。很多事情只有试一试，才会收获真实的体验。我一直跟他说，我们需要体验派的人生！

小 G 是一个内心极为纠结的孩子，就拿辞去前一份工作来说，他经历漫长的思考，并在获得充足的支持后才最终下定决心。他提到，书里讲过一个人应当忠于自身事业，甚至要有鞠躬尽瘁的觉悟。似乎在那些宣传事迹里，不乏这般秉持信念的英雄人物……

我跟他说，存在"成名成家派"，此派的理念为若寻觅到值得毕生奉献的目标，便会无怨无悔地投身其中。但我们也可以选择人生的体验派。我们可以通过不断尝试，寻求适合自己的工作、生活方式，体验过程的美好，获得快乐幸福的人生。更重要的是，在这个过程中，我们务必保持快乐与幸福，至于最终结果如何并不重要。

非常感谢张燕和马老师。这次体验的机会是很难得的，也是因为之前与他们的联系，小 G 已经来过益仁的明星工坊很多次啦！

杭州行之二——演练"春风行动"残疾人专场应聘

职前准备课程涵盖的内容很多，其中应聘技巧的传授既是关键点，也是不可或缺的教学环节。2024 年 3 月，残联组织了针对残障人士的专场招聘会，杭州将其命名为"春风行动"。我与张燕和马老师一同商量，为了保持真实，这堂课就将培训和招聘场景做了结合。

1. 课堂准备

大家询问小 G 喜欢什么样的工作，小 G 选择了**后勤服务**。课堂作业并没有要求学员们去应聘，而是观察和思考。但是，学员们勇敢地实战了。

2. 应聘实战

来到招聘会上，小 G 领到招聘信息简介，他用笔画下感兴趣的岗位。我留意到，他感兴趣的岗位数量相较课堂上所述的竟然有所增加。其中包括操作装配岗位，想必这是他在太仓实习期间所收获的成果。除此之外，还有后勤文员岗位和仓储管理岗位等。

我们要观察别人怎么应聘，于是在人潮颇为汹涌的会场中踱步前行，发现一项 IT 弱电服务工作，不禁好奇地走上前去询问情况。对方 HR 介绍说，这是管理企业的会议、电视电话、计算机、门禁系统等正常工作岗位的工作。小 G 看看要求，觉得自己也可以。我鼓励他，那就试一试吧！

真到应聘环节，小 G 还是有点紧张。今天会场的招聘人员都格外有耐心，到底是残联组织的专场。在这里，我们看到了坐轮椅的人、拄拐杖的人，当然也有智力障碍者。

当填到障碍类别时，小 G 写上"阿斯伯格"，HR 顿时面露疑惑之色，显然此前从未听说过这个病症。张燕赶紧过来解释……HR 介绍了工作，从岗位技能的角度来说，内容其实并不难，但这份工作是需要和客人沟通的，如此一来，工作难度便有所提升了。

当 HR 说，会有师傅带你，但由于师傅工作繁忙，无法时刻提供帮助时，小 G 一时之间竟不知如何应答，只得起身表示自己需要考虑一番。其实 HR 这样说不过是要求小 G 表明自身态度而已，但这种问题对他们（孤独症患者）来说确实是挺难的。小 G 表示应聘有点累，是啊，这个过程着实耗费心神！

我们稍做休息，其间我向他悉心传授了应聘要领：当你发现岗位要求与自身能力相匹配，且对其非常感兴趣时，便要果敢且自信地主动上前。刚才遇到的问题，HR 不过是想试探你的态度以及你是否积极自信。HR 提出的问题，有时会涉及你未曾涉足的工作领域，但这并无大碍，毕竟每家企业都会设置岗前培训环节。

操作装配岗位的企业没戏了，我们又遇到另一家企业在招后勤文员和仓储管理员（一家软件公司）。这一次，小 G 明显自信了很多。HR 非常热心，但同样不了解谱系障碍。没关系，我们来招聘会的初衷，便是期望获得被关注的机遇并积累应聘经验。

张燕和马老师一路陪伴，并和企业建立了初步的联系。事后，这家企业的 HR 还打电话来询问小 G 的情况。张燕表示我们无须心急，因为这些企业还没有像星巴克一样准备好；我们慢慢来，等筹备更为周全之后再做定夺。

相信未来会有更多的岗位被开发出来，会有更多的企业知晓有这样一群青年亟待就业安置。而且不用担心，只要有像张燕所在的机构这般的就业支持机构存在，各方终将达成共赢局面。

从招聘会回来之后，我问了小 G 以下几个问题。

（1）社会上有你感兴趣的岗位吗？（他曾担心辞职了就没有岗位可找了。）

（2）你发现了哪些残障人士去应聘？

（3）劳动部门怎么支持年轻人就业？（招聘会周边设有职业能力测试区域，同时配备了心理咨询服务点、劳动法宣传与监察咨询处，以及与职业培训相关的专业人员服务站点。）

总体而言，小 G 回来后心情颇为舒畅，也向我打听企业有没有回音，我告知他所留的联系方式是他自己的电话。再说，倘若即刻开启每天 8 小时的工作模式，他是否做好了准备？这确实需要深思熟虑，也该着手筹备起来了！

杭州行之三——3 月 1 日的星巴克首秀

这一天来得还是有点快，小 G 此前曾在展览会上当过志愿者，但从未涉足过餐饮行业，也没有萌生过从事餐饮工作的念头。因天气寒冷，他的手指出现开裂状况。我真不知道他是否能够承受得住在吧台制作饮品的工作，毕竟该项工作涉及清洗环节（当然，工作时可以佩戴手套），可万一他对此有所介怀呢？但话说回来，我对他充满了信心，他的动手操作能力向来非常出色，只要他答应下来，就必定会全力以赴地将工作做好。我们此前也做了约定：无论何时，我都会尊重他的个人感受，全力支持他所做的决定！

前一天，马老师将活动安排同步发送给了我，他提及此前也曾向小 G 预先告知相关事宜。这份安排详尽细致，其中包含必选环节与可选环节，任由小 G 自行抉择。小 G 表示他选择观摩入职欢迎仪式和体验咖啡制作两项。

当日上午，同事小吴办理入职手续，小 G 在旁进行观摩。现场有残联、星巴克和相关机构的代表。众人围坐一桌，场面颇为热闹。小吴属于发育迟缓的孩子，面容英俊，社交能力良好，很讨人喜欢。相比之下，小 G 则稍显冷峻，不擅长与人交流。二人的性格可谓天壤之别。

仪式持续时间一长，小 G 便会流露出些许不耐烦，企图通过玩手机来打发时间（他在关注心仪的音乐 CD 是否售出，记得在太仓之时，这也曾是培训内容之一）。只是他的"摸鱼"行径太过明显，未曾考虑到人与人之间的距离过近，手机上的内容极易被旁人察觉。好在距离他最近且留意到他的是马老师，不久之后，这个环节便宣告结束。

进入下午的实训阶段，小 G 充分彰显出自身实力！他的吧台前吸引了不少人驻足围观，HR 仍想进一步考察他的表现。好在最终结果还算令人满意！

以下是马老师当日的微信文字记录（其间饱含着他的心血与付出）：

就业辅导员二三事

学以致用着实是一件令人心生愉悦之事！倘若能将这份快乐分享出去，让更多人得以感知，那必然趣味无穷。

言归正传，全程参与我们职前准备课程的小吴同学，于今日正式在星巴克开启职业生涯。能够见证他的成长与蜕变，我深感欣慰。让我内心隐隐担忧的是下午即将前往门店初次开展职业体验的小 G。小 G 是典型的孤独症谱系障碍男生，唯有与其深入相处过，用心去了解他，才有可能真正理解他。

故事 A：它的味道最纯粹

下午，小 G 体验了手冲、鲜萃滴滤、虹吸三种咖啡的制作流程。待众人与他一同品鉴完三种咖啡后，有人说道："请对这三种咖啡予以评价。"此时的他早已忘却初到店时的那份紧张，缓缓端起杯子轻抿一口，说道："这杯虹吸，它的味道最纯粹！"此评价一出，在场众人皆感到震惊，他经过深思熟虑所表达出的独特见解彻底征服了全场。而我心中唯有"成了"这两个字。

故事 B：我需要思考一下

体验活动结束后，我叫住小 G，告诉他要临时增加一项日程安排。他表示同意，随后便坐下来展开了交流。

一番寒暄与夸赞过后，一位伙伴抛出一个问题："小 G，下午你也体验了冲泡咖啡，那么对于在此处工作，你有何想法？"

小 G 回答："这个问题，我需要思考一下。"

果真是他的行事风格，如此坦诚实在！这般直率的他，也更易于被众人理解。

故事至此暂时告一段落，职场体验、专场招聘会、职场社交技巧课程，这一周过得充实而美妙。然而，体验过程难道仅有美好吗？故事的背后，究竟隐藏着多少困难？

杭州行之四：就业辅导员的记录

就业辅导员马老师的性情温和且宽厚。为了能够与小 G 缩短心理距离，增进彼此间的情谊，马老师特意针对小 G 的爱好展开深入研究，观看了相当多数量的动漫剧集。以此为起点，他们二人逐渐构建起一种亦师亦友的独特关系。

那么，就业辅导员的工作究竟难度几何呢？马老师认为，这项工作难以简单地用"难"或"不难"来形容。在实际的工作中，某些时刻确实需要竭尽全力地思考与谋划，可谓绞尽脑汁。只要浏览一下他的工作记录，就能深刻体会到其中所蕴含的复杂性与挑战性。

杭州行之五：谱系障碍与就业

小 G 所具有的谱系特质极为明显。每当有人将他归类为"阿斯伯格"时，张燕都会出来解释，强调小 G 是典型的孤独症患者。小 G 并非所谓高功能孤独症群体中的佼佼者，在其工作与生活里，因谱系障碍而引发的困扰数不胜数，以下便是其中的一些事例。

1. 职场困惑 1：杜绝浪费

小 G 在练习各类手冲咖啡技艺的过程中，发现咖啡正如歌曲所唱的那般"一杯接一杯"，根本无法全部饮用。倘若喝不完就只能倒掉，然而这却产生了难题。因为小 G 一直秉持着不浪费的理念。为了防止他人将咖啡倒掉，他不仅特意在杯子上写上自己的名字，甚至还着重注明"别浪费"。

自"光盘行动"发起之后，小 G 始终积极践行。对他而言，将食物彻底清零的那种标准能带给他极大的满足感。在家之时，他的饮食量颇为固定，剩余的素菜会由他全部解决，而余下的荤菜则会放入冰箱（由于我们秉持不吃隔夜菜的理念，所以基本都会把控好菜品数量，力求当天的菜品当天吃完）。在新冠疫情期间，我们经历了几次居家隔离。他在吃饭时极为节省，将骨头啃得甚至比蚂蚁清理过的还要干净，这可太耗费精力了。我曾开玩笑地劝他多少也得给小虫子留点儿，他有时会略带羞涩地回应："习惯了。"

小 G 舍不得倒掉平时并不怎么爱喝的咖啡，就将自己试做的咖啡都带回了家。晚上不敢（其实也不想）享用就要放到冰箱里。他决心第二天当早餐喝，还邀请我一起，我才不跟他分呢！

结果，小 G 因饮用了过多的咖啡（仅仅一大杯的量就已经很多了），致使夜晚难以入眠，第二天早晨起来后又无精打采。我心中暗笑，同时认真地对他说：

"在学习阶段,这些都属于合理的损耗。若不通过大量练习达到熟能生巧的程度,便无法正式上岗工作。"

或许是失眠的痛苦太过强烈,他竟然认可了这一说法:这并非浪费,而是合理损耗。由此可见,认知的转变是极为关键的。

2. 职场困惑 2:累了怎么办

对于未曾有过吧台工作经历的人而言,能否承受每日持续站立 8 小时呢?起初,我对小 G 从事吧台工作心存担忧。

小 G 的体质较为虚弱,容易疲倦。大一暑假期间,他前往书城实习,因站立过久而感到劳累,便跑到茶水间找了一条长凳躺下休息。怎料被巡店的值班经理发现,遭到一顿严厉斥责:"穿上这身工作服,你便代表整个企业的形象。"所幸HR 与专柜经理皆是"自己人",及时出面化解了此次尴尬局面。

后来,公司专门针对"劳累时如何应对"开展了学习培训,关键在于制定细致的规则,明确何处可行、何处不可行,以及小休的间隔时长等。如此一来,小G 的后续工作才得以顺利推进。

幸好,益仁团队为小 G 设定的目标是先从兼职做起。星巴克的兼职工作时长每周不超过 24 小时,大致相当于每日半天时间,再算上中途吃饭与休息的时间,每日实际工作时长不超 5 小时。就当前的状况来看,此方案颇具可行性与可操作性。

实际上,普通人群(NT)从事兼职工作往往是全天出勤,如此便能在调休或替班时提供充足的人手来支持。然而,小 G 则需要依据自身的特殊情况加以调整,循序渐进地推进工作。

毕竟,对于谱系障碍孩子而言,感官与身体的需求乃是就业时首要考量的因素,因为其无法长期处于"忍耐状态"。

小 G 在上班期间态度认真严谨,甚至略显紧张(这也是后续工作需要进一步调整的地方)。所以,每到下班时,他总会习惯性地打个电话或发个微信告知我:"我下班啦!"(我似乎能从中感受到其潜在的心声:"终于可以惬意地躺着聆听一首自己喜爱的音乐,舒缓身心啦!")小 G 能够接纳这样的工作模式,在我看来已然是一项重大突破。

3. 职场困惑 3:沟通表达

小 G 对自身有着一定程度的认知,在求职的过程中,他竟会着重提及自身在沟通表达方面的欠缺之处。(通常而言,我们普通人不是都会着重强调自身优点吗?)这或许是出于对日后工作压力的顾虑吧。实际上,在应对一般的个人日常生活事务时，他基本能够胜任，并且在经过互动交流后，能够凭借经验将相关要点牢记于心。

在吧台开展实训期间，带教老师要求制作完咖啡后，要大声喊出"某某咖啡做好了，请前来领取"之类的话术。依照小 G 以往的行事风格，他极其不愿"高声呼喊"。马老师提到，小 G 也曾向带教老师坦诚这一情况。对此，我们选择暂且搁置，耐心等候，并着重做好预告工作。因为这能让他在心理层面提前有所准备，从而更好地应对。

直到有一天，我不慎将钥匙遗落在家中，只能前去等待小 G 下班。我悄然坐在远处的一个角落里，竟听到小 G 清晰地呼喊着"某某咖啡做好了……"而且在同伴下班之际，他与人家道别时的声音也颇为响亮。这种情况小 G 自然而然地就做到了。

就在当天，马老师表示，此刻我们需要静候小 G 自行表明态度：究竟是选择留下继续工作，还是选择离开。

杭州行之六：入职如何做出决定

3 月底，FB（大龄孤独症谱系障碍患者家长）在杭州围绕"大龄与就业"这一主题与众人进行了分享交流。家长们反应极为热烈，甚至有人从千里之外赶来参与。

我最为关注的内容主要有两点：第一，如何成为具有自觉意识的自我倡导者，达成自我接纳；第二，如何做出支持性决策（SDM），学习怎样为自身做出决定。我满心期待着 FB 能够传授宝贵经验，也盼望着早日见到与之相关的课程内容。

我们的孩子同样拥有漫长的一生需要度过，如何让他们拥有自己认为有意义、值得过的人生呢？能够自信地面对自我、接纳自我乃是核心所在。唯有如此，他们才能充满自信地去面对他人、面对整个世界。

而在外界支持之下（不同程度的孩子需要不同程度的支持），他们能够为自己做出决定（哪怕仅仅是一个简单的选择），这是助力他们树立自信心、认可自身价值的极为关键的途径。说起做决定，我不禁回想起在小 G 年幼之时，我们家长为了确保每日行事高效、尽量减少差错，似乎对如何支持孩子自主做决定并未给予足够的重视。

回归到就业话题，马老师提前一周向小 G 预告需要就是否入职一事做出决定，小 G 便对此上心了，脸上满是"即将有重大事情发生"的神情（这表明他对待此事极为认真）。

我们在做决定时，会分析其中的利弊得失，综合多方面的因素考量，会有顾及重点的妥协与退让，也会有牺牲局部以谋求整体利益最大化的情况。这是基于我们从小到大所经历的众多或大或小的决定，也得益于为做决定而开展的学习过程和决定之后的评估反思。这一过程贯穿我们每个人的一生。

小G做决定有着自身独特的重点考量因素。个人喜好与兴趣、身体感受、薪资收入并非他关注的重点。与我们常人相同，一份工作是否具备友好和谐的环境、能否收获成就感、可不可以获得自信心，这些才是他着重考虑的因素。

2022年，他对于是否辞去第一份工作极为纠结。我们与就业支持团队一起，引导他充分表达内心感受，再逐一分类列举，整个过程持续了半年之久。因为他有时所表达的内容，需要我们反复确认和核实。

最终，他领悟到辞职并非意味着人生的失败，而仅仅是一个可供选择的选项罢了。

在太仓的三个月时光，同样以让他深入了解职场、明确自身需求为主旨，搞清楚究竟什么才是自己感兴趣的，什么是自身的刚性需求（如他需要放松休息时间，无法连续开展高强度工作；他不喜欢嘈杂喧闹的环境等）。

对于在星巴克的工作机会，小G最担忧的是自己无法胜任。他内心犹豫，起初表示先尝试一个月。后来又对我讲，如果一个月下来可行的话，就尝试十个月……

晚上马老师询问我，小G是否有紧张情绪，是否意志不够坚定？我回应道，他能够如此回答，恰恰表明他有心尝试一番。小G的行事风格向来是留有余地（这也从侧面反映出他害怕自己陷入绝境而毫无退路）。他绝对不会像之前签约的那个孩子般，信誓旦旦地说给了我这个机会我定会如何如何。

小G随后又与我商讨，称杭州的环境不错，可深圳的房子该如何处置呢？由此可见，他的思维跳跃性极强，时而向左，顾虑自己的工作表现不佳，时而向右，思索长远的规划事宜。我只是默默倾听，然后将他的思绪拉回当下，告诉他开开心心地去尝试就好。

我们仔细观察他在做选择前后的情绪状态，由此可以判断这并非一个在外界压力逼迫下所做出的决定。既然如此，那就勇敢地朝着前方迈进吧！

3月18日，小G正式入职了！入职仪式以品尝咖啡拉开序幕，星巴克有着其独特的企业文化。他还收到了一份礼物，其中包含5张卡片。店长表示她赠予小G的第一张卡片上写着：匠心。因为她留意到小G制作咖啡时极为认真细致，所以对他满怀期待。倘若他日后有想要对某位同事表达的心意，也可以写在卡片上，转赠给这位同事。我突然联想到他们即将开业的新店会有5位员工，难道这便是有5张卡片的缘由？

杭州行之七：第一杯员工福利饮品送给谁

星巴克的员工若每天工作满 4 小时，便能享受一杯免费的员工福利饮品。这杯饮品既可以在餐间休息时自行饮用，也可以在下班后带走。小 G 作为坚定的"不浪费派"，起初自行拒绝享用这一福利。旁人提醒他，也可以点一杯转赠给家人或好友。可他刚入职时，满心都扑在应对工作上，根本抽不出哪怕仅仅几分钟的时间去理会这些琐事。

佳酿需时沉淀，好事值得等待，这恰恰是小 G 的独特之处。

直至昨日，他终于想起这一员工福利，并且将第一杯饮品送给了不辞辛劳的就业辅导员马老师。为此，马老师在深夜发布了一条朋友圈，字里行间透露出些许陶醉与得意。老马呀，这杯明明是柠檬茶，可不是酒哦！

转载马老师的朋友圈：

自 2 月底起，我们便开启了职场社会技巧课程的集中学习之旅。今日的你落落大方地与伙伴们一同开门迎接顾客，还为你的母亲精心奉上一杯亲手冲泡的咖啡。而我也有幸在今天"蹭"到你的第一杯员工福利饮品，但愿你妈妈不会为此吃我的醋！

从课程学习直至入职工作，我们一路携手走来。目睹你在逐步适应工作的同时，门店的伙伴们也在慢慢接纳你，我深感欣慰。他们同样勤奋努力，认真聆听我的经验分享。感谢大家耐心倾听我的唠叨，并仔细观摩我的示范操作。我向他们解释了何为最小化的辅助手段，如何慎重地运用语言提示，以及在何时使用重点提示最为适宜。更为关键的是，通过日复一日的朝夕相处，大家对你的了解与日俱增……

门店的自然支持环境已初现端倪，而我身为就业辅导员，既是专业顾问，也是监督指导者，但从本质上讲，更是大家的亲密伙伴。

近日门店正式开业，我们稳稳地迈出了坚实的一步。我相信在未来的某一天，当我圆满完成任务，转而服务于新的伙伴时，你的身旁已然围绕着众多自然支持者！

当日的开店仪式从上午调整至下午举行，小 G 全程参与其中，并且始终面带笑容。我想这也充分彰显了工作对于他而言的重要意义。正因有马老师在旁陪伴和支持，他才满怀信心地逐步融入其中。

开幕式后马老师的留言：

今天，考虑到现场人员众多，担忧他会怯场，原本未安排他为您呈上咖啡（原本的开业仪式定在上午，而他是下午班次）。然而，待他制作完成后，我询问他："这杯是为妈妈准备的，你想要亲自送去吗？"他神色坚定地点了点头，于是我便与他一同前来！

中午他到岗之后，精心制作了饮品，准备送给正在休息的店内伙伴。当时我本打算在一旁协助解说几句，可他轻轻摆了摆手，颇具气势地示意我保持安静。望着他与伙伴们侃侃而谈的模样，我方才发觉自己此时略显多余！

马老师，我满心期待着您成为"多余之人"的那一天。届时，小 G 的员工福利饮品依旧归您享用，我绝对不会心生嫉妒！

参考文献

[1] 许家成. 特殊学生生涯发展与转衔教育[M]. 南京：南京师范大学出版社，2015.

[2] 马莎莎. 智力障碍学生的社会适应能力研究[D]. 华东师范大学，2013.

[3] 岳琪. 辅读学校学生社会适应能力的研究[D]. 华东师范大学，2011.

[4] 杨华云. 智力残疾人职业高中课程体系建设的实践研究[J]. 中国特殊教育，2011（11）.

[5] 武丽婧，王艳梅. 智力障碍学生职业教育培养模式研究[J]. 牡丹江教育学院学报，2022（11）.

[6] 李毓秋，邱卓英. 适应性行为评定量表第二版中文版（学生用）标准化研究[J]. 中国康复理论与实践，2016，22（04）.

[7] 潘枥行，徐素琼. 离校转衔课程指标体系建构的初步研究[J]. 现代特殊教育，2024（02）.

[8] 张文京. 环境生态课程编制[J]. 中国特殊教育，2000（03）.

[9] 李绯，王雁. 特殊教育生态课程：内涵、依据及其建构[J]. 现代特殊教育，2016（06）.

[10] 林云强，盛一凡. 视觉支持策略在孤独症学生教育中的应用[J]. 现代特殊教育，2024（07）.

[11] 哈米尔，埃福林顿. 中重度障碍学生的教学[M]. 昝飞，译. 上海：华东师范大学出版社，2005.

[12] 胡勇崇. 个别化教育计划的理念与实施[M]. 新北：心理出版社，2018.

[13] 林幸台. 身心障碍者生涯辅导与转衔服务[M]. 2 版. 新北：心理出版社，2019.

[14] 林素珍，赵本强，黄秋霞. 身心障碍学生的转衔教育与服务[M]. 新北：心理出版社，2020.

[15] 沈立. 智障学生个别化职业转衔服务模式[M]. 上海：上海交通大学出版社，2013.

[16] 田艳萍. 美国障碍学生的个别化转衔计划[J]. 绥化学院学报，2014，34（4）.

[17] 钮文英. 转衔评量在发展个别化转衔计划之应用探讨[J]. 台中教育大学学报，2010，24（2）.

[18] 田艳萍. 美国障碍学生的中学后个别化转衔计划及对我国的启示[J]. 华东师范大学，2014.

[19] 武砀. 台湾地区残疾学生转衔服务研究[D]. 淮北师范大学，2017.

[20] SCHALOCK R L, JENSEN C M. Assessing the Goodness-of-fit Between Persons and Their Environments[J]. The Journal of the Association for Persons with Severe Handicaps, 1986(11), 103-109.

[21] SITLINGTON P L, NEUBERT D A, BEGUN W, LOMBARD R C, LECONTE P J. Assess for Success: Handbook on Transition Assessment[M]. Reston, VA: The Council for Exceptional Children, 1996.

[22] 吴雪萍. 适应体育概论[M]. 北京：高等教育出版社，2015.

[23] 杨亚茹，郝传萍. 基于 ICF 构建智力残疾学生适应性体育课程体系[J]. 中国康复理论与实践，2022.

[24] 王玉龙，周菊芝. 康复评定技术[M]. 北京：人民卫生出版社，2020.

[25] 徐添喜. 就业转衔服务中残疾人职业康复实施现状分析及模式构建研究[D]. 华中师范大学，2010.

[26] 沈立. 智障学生个别化职业转衔服务实践[M]. 上海：上海交通大学出版社，2013.

[27] 祝蓓里. POMS 量表及简式中国常模简介[J]. 天津体育学院学报，1995.

[28] 张力为，毛志雄. 体育科学常用心理量表评定手册[M]. 北京：北京体育大学出版社，2004.

反侵权盗版声明

电子工业出版社依法对本作品享有专有出版权。任何未经权利人书面许可，复制、销售或通过信息网络传播本作品的行为；歪曲、篡改、剽窃本作品的行为，均违反《中华人民共和国著作权法》，其行为人应承担相应的民事责任和行政责任，构成犯罪的，将被依法追究刑事责任。

为了维护市场秩序，保护权利人的合法权益，我社将依法查处和打击侵权盗版的单位和个人。欢迎社会各界人士积极举报侵权盗版行为，本社将奖励举报有功人员，并保证举报人的信息不被泄露。

举报电话：（010）88254396；（010）88258888

传　　真：（010）88254397

E-mail：dbqq@phei.com.cn

通信地址：北京市万寿路 173 信箱

　　　　　电子工业出版社总编办公室

邮　　编：100036